# リフレクション

自分とチームの成長を加速させる
# 内省の技術

熊平美香
Kumahira Mika

REFLECTION

Discover
ディスカヴァー

# はじめに

「市場規模が縮小するのに、業績目標は高くなっていく」

「他部署と連携しなければならないのに、コミュニケーションにずれがある」

「部下のモチベーションが気になるが、部下を育成する時間はない」


リーダーは常に課題に追われています。答えを見出すために、システム思考やデザイン思考などの様々な課題解決方法を取り入れてみても、思ったほどうまく使いこなせず、両手いっぱいに課題を抱えながら、環境に流されている感覚に陥ってはいないでしょうか。

このような状況において足りないのは、新しい知識でも優秀なメンバーでもありません。

「自分自身と向き合うこと」です。


先ほど挙げた課題解決のツールは、コンピュータで例えるところのアプリケーションにすぎません。どれだけ最新のアプリケーションを試そうとしても、人間のＯＳ（学ぶ力）が古いままでは使いこなすことは難しいでしょう。最新のアプリケーションをインストールするためには、人間のＯＳ（学ぶ力）もアップデートしつづけることが必要です。

私が代表を務める一般社団法人21世紀学び研究所では、人間のＯＳ（学ぶ力）を高める「ＯＳ２１」というプログラムを開発し、自ら定めた目的を実現するために学び続ける「自律型人材」の育成に取り組んでいます。

この中で最も重視しているのが**「リフレクション」**と**「対話」**、そしてその2つの質を高める**「メタ認知」**です。本書では、リフレクションが誰にとっても当たり前の習慣になるように、実践方法を解説していきます。

**リフレクション（Reflection）とは、自分の内面を客観的、批判的に振り返る行為です。**「内省」という言葉がもっとも近いでしょう。

リフレクションは、ギリシャ哲学者プラトンやソクラテスの時代から確認されている行為ですが、20世紀の終わり頃からは「未来を創る力」として、人材開発の観点から世界中で広がりを見せています。経済産業省が提唱する「人生１００年時代の社会人基礎力」の中でも、あらゆるスキル習得の前提となる力として注目されています。

ところで、「振り返り」「内省」という言葉には、どのようなイメージを持っているでしょうか？　うまくいかなかったことを反省したり、責任を追求されたり、どこかネガティブなイメージを抱いているかもしれません。

しかし、リフレクションの目的は、あらゆる経験から学び、未来に活かすことです。どのような経験にも、たくさんの「叡智」が詰まっています。経験を客観視することで新たな学びを得て、未来の意思決定と行動に活かしていく。これがリフレクションです。

リフレクションの基本として、本書では次のメソッドを紹介しています。

- 自分を知る
- ビジョンを形成する
- 経験から学ぶ
- 多様な世界から学ぶ
- アンラーンする（学んだことを手放す）

これらの基本を応用していくことで、自分自身の成長だけでなく、他者への理解を深めて成長を促進したり、組織をまとめるリーダーシップを育んだりすることができます。

だからこそ、本書はリーダーのみなさんに向けてリフレクションの活用方法を紹介しています。

私はビジネス界と教育界を行ったり来たりしながら、「誰もが、潜在的な能力を伸ばし、自分らしく活躍する」ために、人材開発の可能性を探求し、その方法を個人や組織に活用してもらうよう取り組んできました。

過去の成功体験を前提としてでしか物事を考えられない人と議論しても、未来を創る話には発展しづらく、危機感を感じることもありました。現状維持では後退するのに、リフレクションをせずに過去の成功体験だけを頼りにしていては、理想の姿を描くことも、前進することも難しいのです。

今後ますます多様化する社会で、一人ひとりが能力を発揮できるように、リフレクションの習慣が広がることを願っています。

## 振り返らず進み続ける2つのリスク

優秀なリーダーやビジネスパーソンの多くは、結果を出すことに夢中です。ナレッジを言語化して共有したほうがよいと思っていても、優先して解決しなければならない課題は尽きず、自分のやり方で次々と結果を残し、つい後回しにしてしまう……このような状況に身に覚えがある方も多いのではないでしょうか。

せっかくこれまで実績を積んでいても、「なぜ、自分が結果を出せるのか」を他人に説明できないならば、それは組織のみならず、自分自身にとっても大きな2つのリスクを抱えているということになります。

### リスク1　他人に伝授できず、進化・成長が止まる

結果を出せる理由を説明できないと、自分が経験を通して得たノウハウや知恵を他人に伝授できず、いつまでも自分でやり続けなければならない状況に陥ります。そうすれば、いつまでも「優秀な人」でいることはできますが、新しい挑戦がなく自身の成長につなが

りません。いつまでもマネジメントに専念できず、業務過多の原因にもなります。

「学習する組織」を実現しているアメリカの総合電機メーカー、ゼネラル・エレクトリック（以後GE）におけるマネジメント層の仕事は、「早く部下を卒業させること」だと言います。3年以上同じ仕事に部下を従事させるマネジャーは、育成力がないと評価されます。その前提には、「人は、新しいチャレンジができる環境で成長する」という理念があります。自分のキャリアは自分で切り開いていくものです。

新しいことにチャレンジできるように、すでにできることは部下に任せていきましょう。

## リスク2　過去の成功体験にしがみつく

今、我々は、大きなパラダイムの転換点にいます。新卒一括採用に代表されるメンバーシップ型組織から、ジョブ型組織への移行も視野に入れた働き方改革が始まり、日々新しいテクノロジーが生まれることで花形だった業界も衰退に追い込まれます。

この大きな変化の中で、過去の成功体験ばかりを頼りにしていても、同じような成功が得られる可能性はどんどん下がっていきます。ところが、多くの人たちが、過去の成功体験を踏襲しています。なぜでしょうか。それは、リフレクションをしていないからです。

過去の成功体験を手放すためには、過去の成功体験を理解しているだけでは十分ではありません。過去の成功体験からどのようなものの見方や価値基準が形成され、そのうちのどれを手放す必要があるのかを認識する必要があります。そのために必要なのが、リフレクションなのです。

自身を振り返ることが、個人と組織の成長の鍵です。これからのリーダーが成果を出し続けるためには、スキルや知識をアップデートするだけでは十分ではなく、自らのものの見方、自らの内面をアップデートすることが必要です。

直面している現実と理想とのギャップに、途方に暮れることもあるかもしれません。しかし、今まで経験したことの中には思いもよらないほどの学びが詰まっています。つい昨日の出来事の中にも、学びはあるはずです。たくさんの学びをエネルギーにして、より自分の望むほうへ進んでいきましょう。

# 本書の読み進め方

本書では、質の高いリフレクションの習慣を身につけ、部下育成やセルフマネジメントといった課題へ活用できるようになることを目指します。

第1章では、リフレクションの質を高めるメタ認知のフレームワーク「認知の4点セット」と、リフレクションの基本となる5つのメソッドを紹介します。メソッドを活用することで、良質なリフレクションを実践できるようになることが狙いです。

第2章から第4章では、リフレクションをどのような場面で活用すればよいのかを、具体的な使い方とあわせて紹介していきます。

第2章は、リーダーシップがテーマです。自分らしいリーダーシップを磨く上で、リフレクションがどのように役立つのかを解説します。

第3章は育成がテーマです。メンバーのモチベーションを高め、主体性と成長を促進するために、リフレクションをどう活かせばよいのかを解説します。

第4章のテーマは、コラボレーション、つまり他者との協働です。多様性を活かし、新たな価値を生み出すチームの作法として、リフレクションをどう活かせばよいのかを解説します。

ふだんから内省する習慣を持っていない人にとって、自分の内面を掘り下げることは難しく感じるかもしれませんが、自分を知れば知るほど自己肯定感が高まり、楽しさを感じられるようになるはずです。ぜひ、収録しているフレームワークをダウンロードして、日々取り組んでみてください（ダウンロードURLは18ページに記載）。

本書が、あなたのこれからの成長を支える一助となれば幸いです。

図0-1　リフレクション 基本の5メソッド

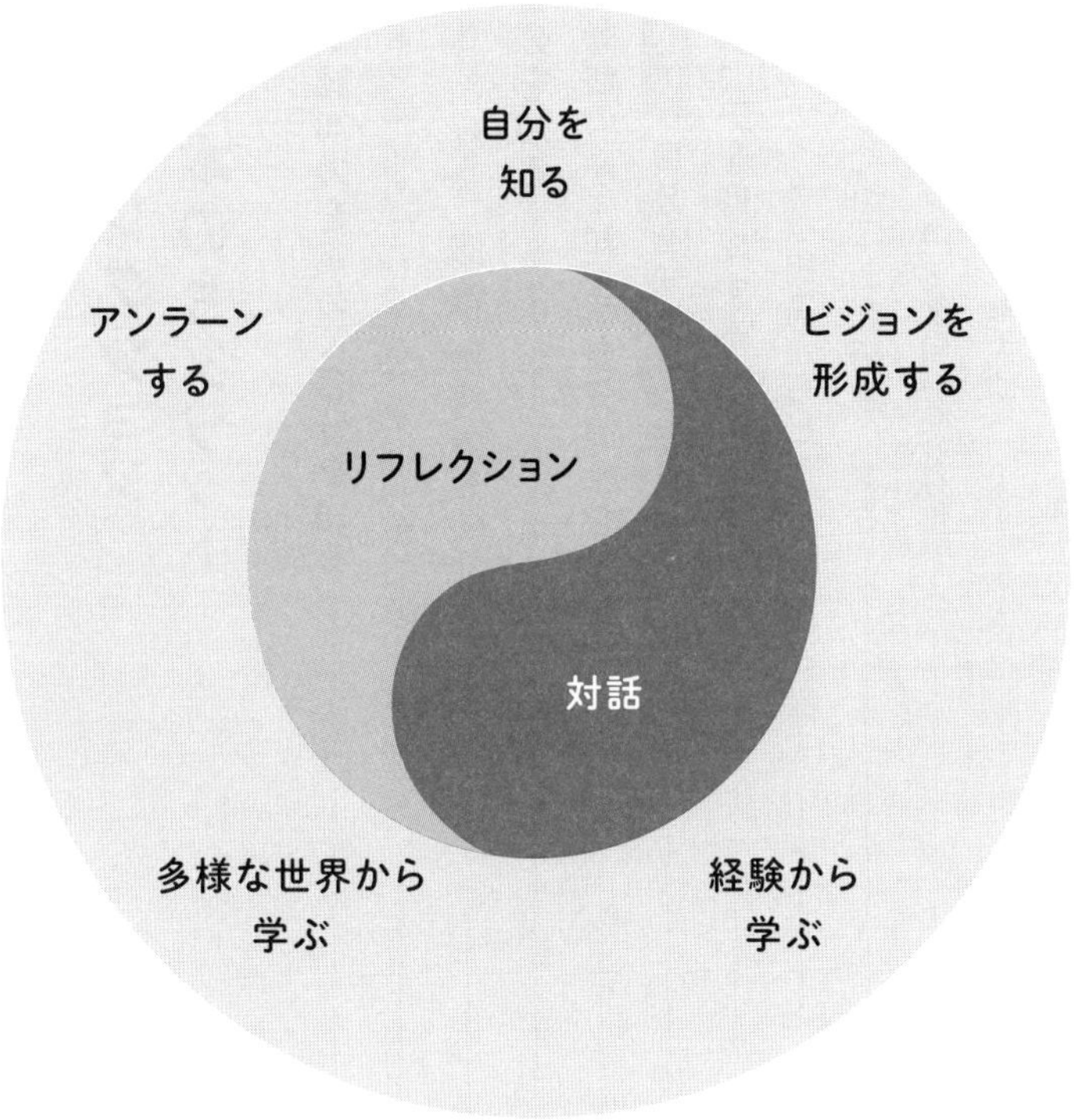


POINT

■リフレクションと対話で、
成長と学びを最大化しましょう

■基本の5メソッドを応用することが、
他者への理解を伴う成長促進や、組織をまとめる
リーダーシップの醸成につながります

# 第1章 リフレクション 基本の5メソッド

第2章

リーダーシップ編

# オーセンティックなリーダーになる

# 第3章

育成編

# 自律型学習者を育てる

第4章 チーム編

# コラボレーションする

## 購入特典　オリジナルフレームワーク

本書で紹介したメソッドを実践できる「リフレクションフレームワーク」(PowerPoint)を、右のQRコードからダウンロードできます。本書とともに、ぜひご活用ください。

DLサイト https://d21.co.jp/special/reflection/
ログインID discover2710
ログインPass reflection

# 第1章

# リフレクション基本の5メソッド

# メタ認知力を高めて自分を知る

リフレクションには、あらゆる経験を学びに変え、自分をアップデートしつづける力があります。しかし、ただやみくもに取り組んでも、理想を実現するための知恵や気づきは手に入りません。注意しなければならないのは、リフレクションの質です。

リフレクションを実践する前に、まずはすべてのベースとなる「認知」の枠組みを整理するフレームワーク**「認知の4点セット」**を押さえましょう。

このフレームワークの目的は、メタ認知（認知していることを認知する）力を高めることです。事実や経験に対する自分の**判断や意見を、「意見」「経験」「感情」「価値観」に切り分けて可視化する**ことによって、自分の内面を多面的に深掘りし、柔軟な思考を持つことができるようになります。

図1-1　認知の4点セットのフレームワーク

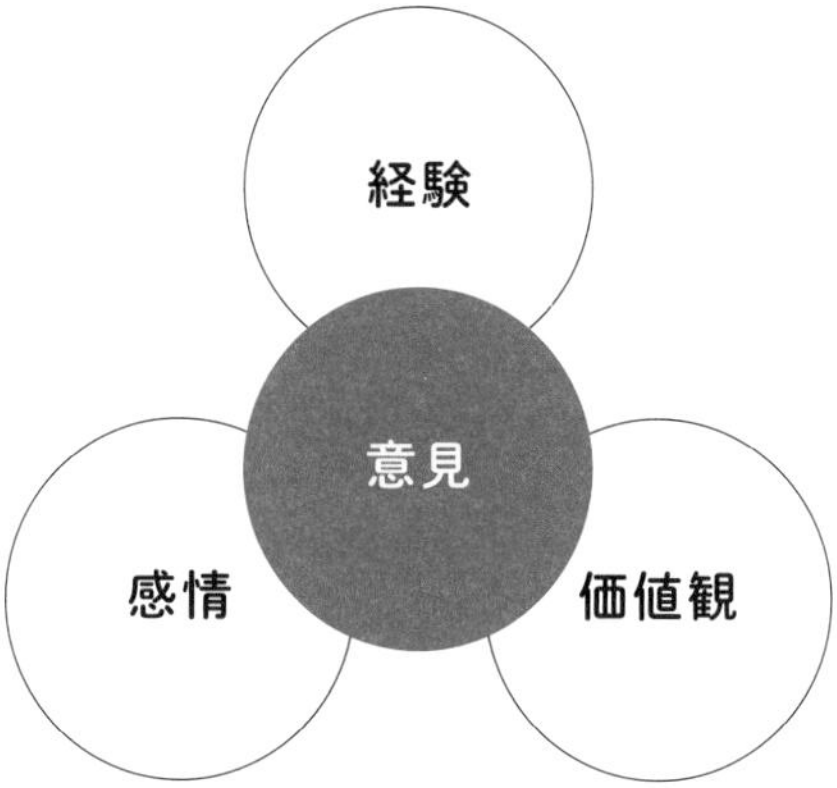


意見は過去の経験、感情、価値観から形成されている

| | |
|---|---|
| 意見 | **あなたの意見は何ですか?** |
| 経験 | **その意見の背景には、どのような経験や、経験を通して知っていることがありますか?**<br>経験には、読んだり聞いたりしたことも含まれます。 |
| 感情 | **その経験には、どのような感情が紐づいていますか?**<br>経験の記憶は、感情の記憶でもあります。<br>大きくは、ポジティブな感情かネガティブな感情の2種類です。 |
| 価値観 | **意見、経験、感情を俯瞰して、あなたが大切にしていることが何かを明らかにしましょう。**<br>大切な価値観、判断の尺度、こだわり、ものの見方などです。 |

認知とは、心理学の領域において使われる用語で、「外界にある対象を知覚し、それが何なのかを判断する」ことを意味します。聞き慣れない言葉かもしれませんが、誰もが、呼吸と同じくらい当たり前に、生まれたときから実践している行為です。

■認知（知覚と判断）の例

（知覚）朝の空を眺めて↓（判断）今日は晴天だ。
（知覚）上司の表情を見て↓（判断）今日は機嫌がよさそうだ。
（知覚）資料に目を通し↓（判断）価値のある箇所に、アンダーラインを引く。

たとえば、経験を振り返るときに、何を振り返るのか、その経験をどう意味づけるのかは、自分の認知が決めています。その認知がそもそもずれていたら、どれほどリフレクションに時間を費やしても、本当に大切な学びを手に入れることはできません。

認知（知覚と判断）には、「過去の経験により形成された『ものの見方』を通して行われる」という法則があります。この認知のメカニズムを、アメリカの教育学者クリス・アージリス氏は「推論のはしご」（図1−2）を使い解説しています。

認知は、事実や経験の中から、ある特定の事実を知覚するところから始まります。このとき知覚した事実をどのように捉えるのか（判断）は、過去の経験や知識によって形成されたものの見方に依存します。

新たな事実に対する知覚と判断を行うと、その経験を通して新たなものの見方が再形成され、蓄積されていきます。

図1-2　推論のはしご

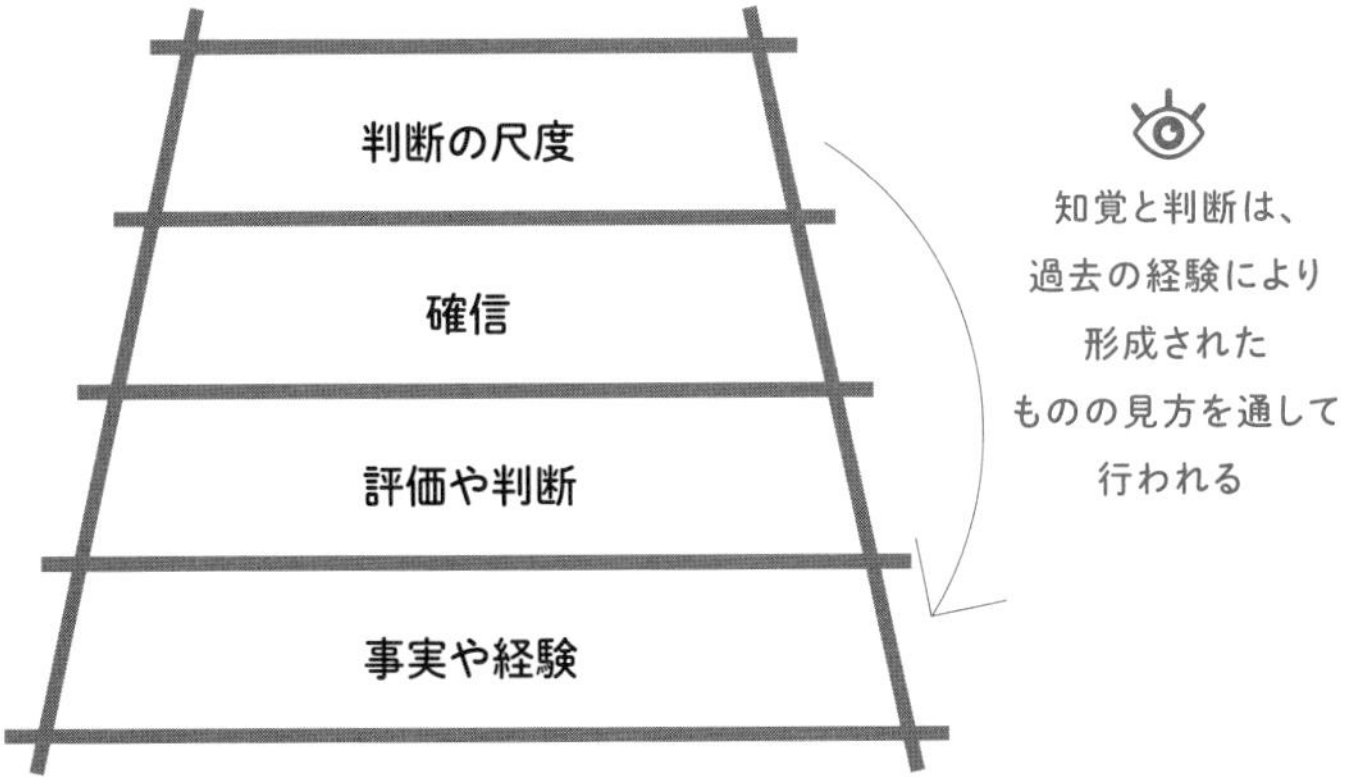


参考:『フィールドブック 学習する組織「5つの能力」企業変革をチームで進める最強ツール』（日本経済新聞出版刊）

## メタ認知のフレームワーク「認知の4点セット」

マサチューセッツ工科大学上級講師のピーター・センゲが提唱する組織論「学習する組織」では、推論のはしごを通して形成されたものの見方を、「メンタルモデル」と呼びます。20ページで取り上げた「意見」「経験」「感情」「価値観」の「認知の4点セット」は、このメンタルモデルを可視化するツールです。

簡単な事例で、「認知の4点セット」を活用し、メンタルモデルがどのように形成されるのかを見ていきましょう。

例として、犬に対する「好き」「嫌い」という認知について考えてみましょう。

犬が好きな人は、犬を飼ったりかわいがったりといったポジティブな経験によって、「犬はかわいい、癒しの存在」というものの見方が形成され、犬を見ると近づいていきたくなります。一方、犬が嫌いな人は、犬に噛まれたり、追いかけられたりといった怖い経験があり、「犬は危険な存在」だと思っています。このため、犬を見つけると、犬を避けるよう

図1-3　認知の4点セット(犬の事例)

## 犬を見たときの認知

| | Aさんの認知の枠 | Bさんの認知の枠 |
|---|---|---|
| 意見 | 犬が好き | 犬が嫌い |
| 経験 | 昔から自宅で<br>犬を飼っている | 犬に噛まれて<br>ケガをしたことがある |
| 感情 | 喜び・安心 | 怖い |
| 価値観 | 犬はかわいくて、<br>癒しをくれる | 犬は近づくと<br>危ない |

POINT

同じ犬を見ても、認知は人によって異なります

になります。

また、同じ経験をしたとしても、その経験の中から何を印象に留めるかは人によって異なります。


一緒にハワイ旅行をしたAさんとBさんの、思い出の違いを例にしてみましょう。

Aさんの一番印象に残った思い出は「海辺を散歩したこと」で、Bさんは「スキューバダイビングをしたこと」です。

2人が何を認知し、どのように解釈をしたのか、「推論のはしご」と「認知の4点セット」で見てみます。


Aさんは、海辺を散歩しているときに、東京との湿度の差による快適さの違いを認知しました。ハワイの海辺を歩いていたら、ハワイ特有の海の色や砂の感触など、東京と異なるものは多数見ていたはずです。

なぜ数ある経験の中で湿度が気になったのか、認知の4点セットで考えてみると、自分が「快適さ」や「清潔感」という価値観を大切にしていることがわかります。

図1-4　Aさんのハワイの事例

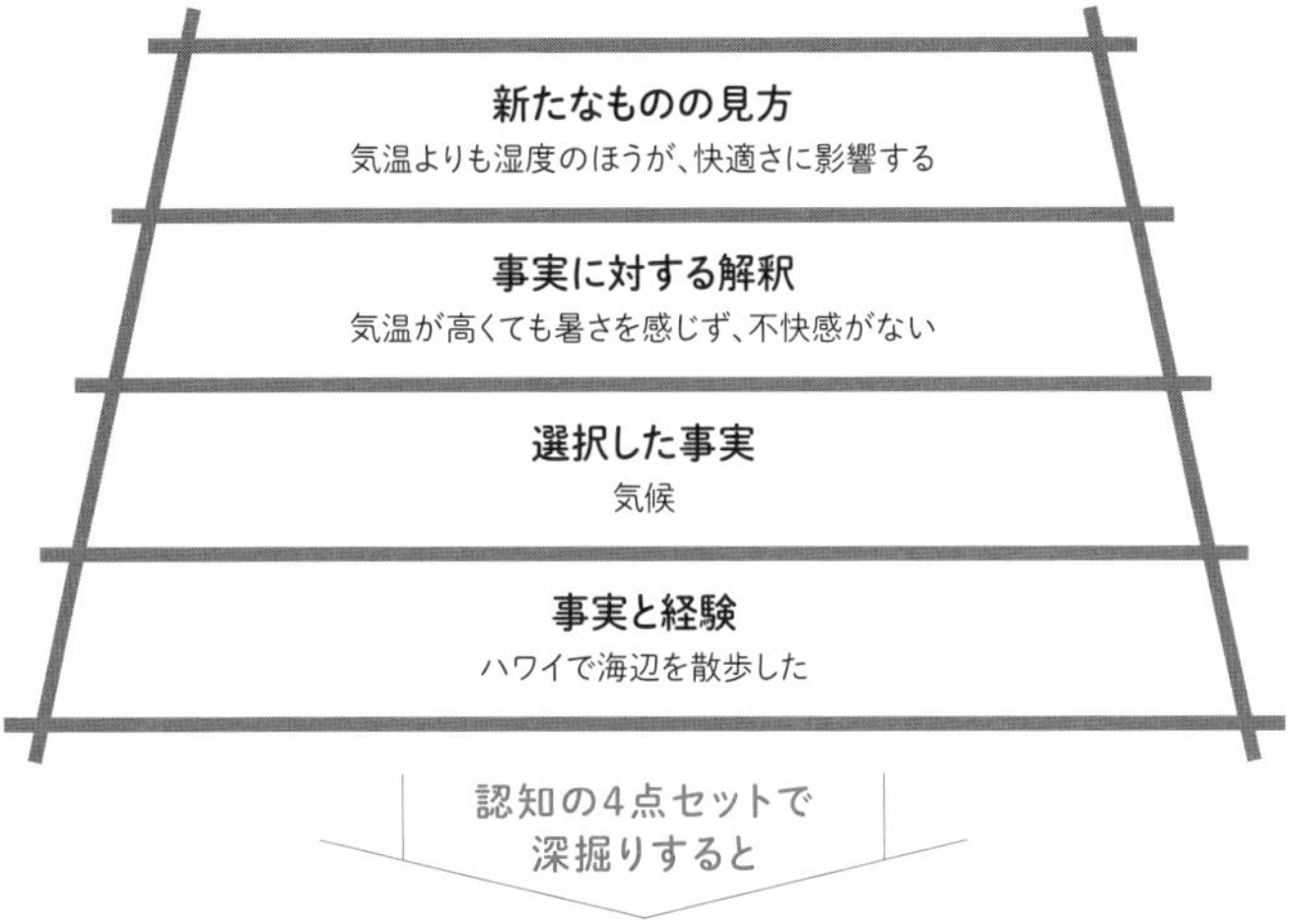
新たなものの見方
気温よりも湿度のほうが、快適さに影響する
事実に対する解釈
気温が高くても暑さを感じず、不快感がない
選択した事実
気候
事実と経験
ハワイで海辺を散歩した
認知の4点セットで
深掘りすると

| Aさんの認知の4点セット | |
|---|---|
| 意見 | **なぜ、湿度が気になったのですか？**<br>ハワイは気温が高いのに、東京の街のようなベタベタとした不快感がないことに驚いた。 |
| 経験 | **その意見に関連するどのような経験がありますか？**<br>温暖化が進む東京の夏は、外出するたびに汗で洋服が濡れてしまい、常に「シャワーを浴びたい」と思いながら仕事をしている。ハワイに来る前日もそうだったので、ハワイの過ごしやすさに驚いた。 |
| 感情 | **その意見や経験にどのような感情が紐づいていますか？**<br>（ハワイの快適さ）驚き<br>（日本の暑さ）残念 |
| 価値観 | **意見、経験、感情を俯瞰して、あなたが大切にしていることが何かを明らかにしましょう。（大切な価値観、判断の尺度、こだわり、ものの見方など）**<br>快適さ、清潔感 |

一方、Bさんがもっとも印象に残ったことは、スキューバダイビングをしているときに出会ったカメの華麗な泳ぎでした。ハワイでスキューバダイビングをすれば、日本の海では見られないようなカラフルな魚を見ることができますし、マンタにも出会うかもしれません。透き通った青い海も印象的です。

Bさんの知覚は、無数の事実の中から、なぜカメを選んだのでしょうか。「認知の4点セット」を使ってみると、水泳を習っていた小学生の頃の経験が紐づいていることがわかります。そのときに感じた「スピード感のある、美しい泳ぎ」という大切な価値観が、カメの泳ぎを見て想起されたのでしょう。

「認知の4点セット」を活用したリフレクションが、メタ認知力を高めるメソッドであるということを、イメージしてもらえたでしょうか。

無数の経験の中から何を知覚し、判断し、意見としているのか。その意見の背景にはどのような経験があり、その経験にはどのような感情が紐づいているのか。そして、その意見の前提には、どのような価値観やものの見方が存在しているのかを客観視することで、メタ認知力を高めることが可能になります。

図1-5　Bさんのハワイの事例

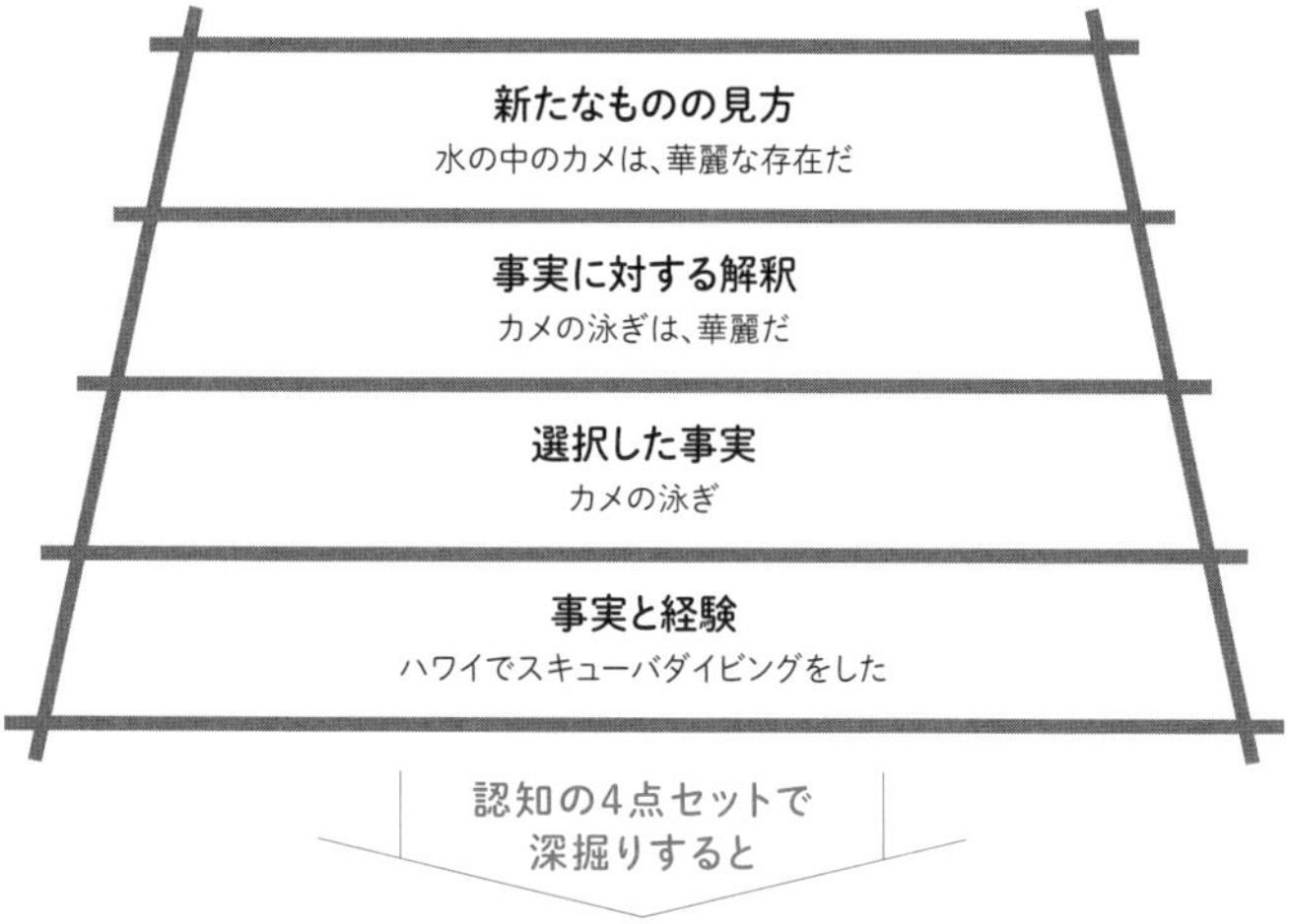
新たなものの見方
水の中のカメは、華麗な存在だ
事実に対する解釈
カメの泳ぎは、華麗だ
選択した事実
カメの泳ぎ
事実と経験
ハワイでスキューバダイビングをした
認知の4点セットで
深掘りすると

| Bさんの認知の4点セット | |
|---|---|
| 意見 | **なぜ、カメの泳ぎが気になったのですか?**<br>ウサギとカメの物語の印象から「カメはのろまだ」と思っていたが、カメが泳ぐ姿は、無駄な動きがなくスピード感があり、本当に美しいと思った。 |
| 経験 | **その意見に関連するどのような経験がありますか?**<br>小学生の頃に水泳を習っていて、人の泳ぎを見ていても、無駄のない泳ぎはスピード感があり、美しいといつも思っていた。 |
| 感情 | **その意見や経験にどのような感情が紐づいていますか?**<br>驚き、感動 |
| 価値観 | **意見、経験、感情を俯瞰して、あなたが大切にしていることが何かを明らかにしましょう。**<br>**(大切な価値観、判断の尺度、こだわり、ものの見方など)**<br>スピード感のある泳ぎ、美しさ、無駄のないシンプルなもの |

リフレクションの難しさは、自己の認知に依存するところにあります。人間は、自分の見たいものを見たいようにしか見ないと言われます。その状態でリフレクションを行っていても、大きな収穫を得ることはできません。

自分が何を知覚してどのような判断をしたのか（意見）、その背景にはどのような経験や感情、価値観が存在しているのかを知ることで、初めて、自分のリフレクションを俯瞰することが可能になります。

自分の認知の枠を理解する力を磨くことは、多面的・多角的なものの見方をするためにも役立ちます。

「認知の４点セット」でリフレクションを共有すると、他者との違いが明確になり、人間の認知の多様性に驚かされることばかりです。ですから、一人きりで行うだけでなく、チームメンバーなどの同じ経験を共有する人たちとリフレクションをしてみてください。

他者がどのように経験を意味づけているかを知ることで、自分とは違うものの見方から学ぶことができます。

## 意見・経験・感情・価値観を切り分ける

「認知の４点セット」では、意見の背景にある経験、感情、価値観を切り分けて尋ねています。日常的には、これらを切り分けずに生活しているので、意見、経験、感情、価値観を切り分けて考えるのは、慣れるまで難しいかもしれません。

しかし、この４つを切り分ける習慣ができると、自己理解が増し、自分を変える力が圧倒的に高まります。自分が何に縛られているのかに気づきやすくなったり、経験から意味のある学びを手に入れやすくなったりします。最初は少し違和感を覚えるかもしれませんが、簡単に「認知の４点セット」が使えるよう、練習していきましょう。

まずは日常のワンシーンから、どう切り分けていくのか例を挙げて説明します。

## 部下との1on1

久しぶりに部下と1on1をした。リモートワークになり、少し孤独を感じている様子だったので、仕事のことだけでなく、悩んでいることや困っていることはないかを尋ねた。自宅からのオンライン面談ということもあり、オフィスでの面談よりも少しリラックスした雰囲気をつくることができ、私も「結果を詰めるモード」ではなく、部下の話を傾聴することができた。リモートワークになって、コミュニケーションの重要性をこれまで以上に意識できるようになり、かえって、部下との信頼関係が高まったのかもしれない。

この経験を「認知の4点セット」で切り分けると、次のようになります。

**意見** リモートワークのほうが、コミュニケーションを大事にする意識が働き、部下との信頼関係が高まったかもしれない。

**経験** 部下との1on1面談を、お互いに自宅からリモートで実施した。オフィスとは違い、少しゆったりとした気持ちで話すことができた。また、部下の状況を理解するために、いつもより丁寧に質問をしたり、意見を傾聴したりすることができた。

**感情** 驚き、安心

**価値観** 支援、信頼関係

それぞれどの部分を、どのように当てはめるのか、項目ごとに説明します。

## 意見

意見の欄には、**「考え」「学び」「思ったこと」**を書き入れましょう。「A案がいい」「天気がいい」などがこれに当たります。

ときおり、経験・感情・価値観のすべてに意見を含めてしまう人がいます。ふだん話したり物事を考えたりするときに、意見と経験、感情、価値観を分ける習慣を持つ人は少ないと思うので、最初は切り分けられなくても問題ありません。まず「4つの分類に切り分ける」ということを、しっかりと頭に入れておいてください。

## 経験

経験の欄には、**「意見の背景にある経験」**を書いてください。経験は**「意見の根拠」**と考えていただいてもよいです。読んだり聞いたりして知っていることでもかまいません。

抽象的な経験を挙げるケースもありますが、「いつ」と断定できる具体的な経験を思い出せるほうが、このあとの感情や価値観が見出しやすくなります。

## 感情

**「その経験や知識に対して、どのような感情を抱いているのか」**を書き入れましょう。

感情は、大きくはポジティブか、ネガティブのどちらかに分類されます。感情について質問をすると、感情に「意見」が混ざる人が多くいますが、あくまで感じたことのみ切り分けてください。

感情を言葉にすることに慣れていない人は多いものです。もし、言葉が見当たらないなら、最初は、ポジティブかネガティブかの2択から始めて、その感情を表す言葉を見つけるために、次のページの「ブルチックの感情の輪」を活用してください。

図1-6　ブルチックの感情の輪

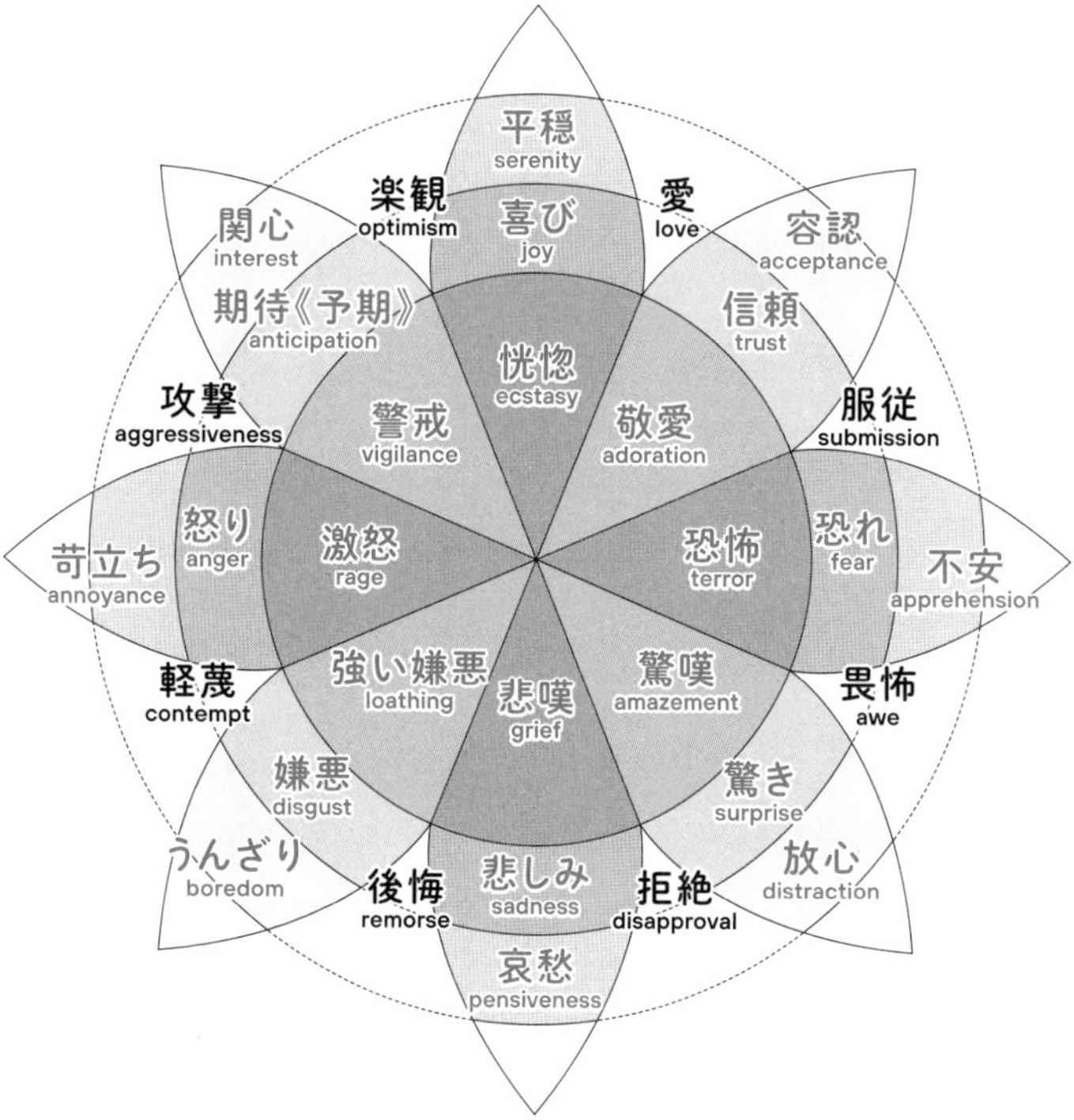


POINT

■感情の言語化に慣れないうちは、
自分の感情に近いものを図から選びましょう

■円の中心になるほど強い感情を表しています

感情について尋ねると「なぜ仕事の場で、感情の話をしなければならないのか」と、感情について考えることに抵抗感を示す人もいます。

その人に「なぜそう思うのか」を「認知の4点セット」でリフレクションしてもらったところ、「会社では論理的で冷静な判断が求められ、感情論は不要だという価値観が根底にある」ことがわかりました。感情という言葉に、ネガティブな感情が紐づいているようです。

**ところが、そのような人も、上司にはビジョンを語ってくれることを願い、部下にはやる気を出してほしいと考えています。**ビジョンもやる気も情熱に支えられていて、まさに「感情の塊」です。職場で感情の話は不要だという考えは、大きな誤解なのです。

アメリカの神経科学者アントニオ・ダマシオ博士は、論理的思考と感情には密接な関係があることを科学的に証明したことで知られています。

ダマシオ博士は、鉄道工事中の事故で、脳の前頭前皮質（感情の働きに関わる脳の領域）の機能を失ったフィニアス・ゲージに関する研究を行い、その成果を1994年にアメリカの科学専門誌「サイエンス」にて発表しました。

事故に遭う前のゲージは人格者で知られていましたが、事故によって脳に損傷を負ったあと、その人格に大きな変化が現れました。彼は、記憶を失ってはいないのですが、学ぶことや判断を下すことができなくなりました。ダマシオ博士は、ゲージの損傷を負った頭蓋骨と、標準的な脳のＭＲＩ画像を重ね合わせ、ゲージの脳の損傷した部分が、感情を司る前頭前皮質であることを証明しました。この研究によって、感情と思考のつながりは科学的に証明された理論として世界に認められました。

ニューロサイエンス＆ザクラスルームのホームページ上で、脳科学者は、私たちの脳が、経験からどのように学ぶのかを以下のように説明しています。

私たちは、生活をする中で様々な決定を下しますが、このときに指針となるのが過去の経験です。自分の取った行動の結果を、そのときに味わった感情から「知恵」と「愚行」に区分して知識として脳に蓄え、次に決定を下す際の指針にします。また、行動の結果を予測したときに起きる感情も、決定を下す際の指針となります。

脳科学の発見が示す通り、論理的な思考も、感情が支えています。認知の4点セットでは、経験の記憶が感情に紐づき、この感情は意見の背景にある価値観に紐づいています。その感情に意識を向けることなく判断を下すことは、実はとても危険なことなのです。

感情と価値観の関係は、とてもシンプルです。

誰もが、自分が大切にしている価値観が満たされているとポジティブな気持ちになり、大切にしている価値観が満たされていないとネガティブな気持ちになります。

## 価値観

「認知の4点セット」の中でもっとも難易度が高いのが、価値観の定義です。価値観には、**「判断に用いた基準や尺度」「ものの見方」**が含まれます。意見の背景には、必ず判断に用いた基準があるはずです。しかし、価値観は抽象概念なので、慣れるまでは見つけにくいかもしれません。

46ページのキーワードリストなどを活用しながら、自分の価値観を言語化する習慣を身につけていきましょう。

意見、経験、感情、価値観の定義と「認知の4点セット」は理解できましたか？　次のページからは、この4点セットをフル活用して、基本となる5つのリフレクションのメソッドを紹介します。これらはすべて、認知の4点セットを土台にしたリフレクションです。

■自分を知る
■ビジョンを形成する
■経験から学ぶ
■多様な世界から学ぶ
■アンラーンする

## ポイント

○ リフレクションの質を高めるために、認知の4点セットのフレームワークを使って【意見】【経験】【感情】【価値観】を切り分ける習慣を持つ。
○ 意見の背景にある経験を説明する。
○ 意見の背景にある価値観（判断の尺度やものの見方）を言語化する。
○ 感情が、自己の論理的思考に与える影響を、理解する。

# 自分を知る

あなたを突き動かす、大切な価値観は何でしょうか？

「自分を知るリフレクション」のテーマは、私たちの動機の源「内発的動機」です。自己の動機の源を把握しておけば、どんなときでも、自分のモチベーションを自ら動かすことが可能になります。

内発的動機付けといえば、アメリカの文筆家、ダニエル・ピンクが提唱する「モチベーション3・0」が有名です。ダニエル・ピンクは、報酬や処罰といった外発的動機付けを「モチベーション2・0」と呼び、誰もが本来の能力を開花させ、創造性を活性化させることができる内発的動機付け、「モチベーション3・0」の時代の到来を予言しました。

最近では、内発的動機付けに基づき行動するセルフマネジメントにも注目が集まっています。自律型組織を研究し、「ティール組織」を提唱するフレデリック・ラルーも、管理の時代の終焉を示唆し、一人ひとりが組織のパーパス（根源となる存在理由）につながり、セルフマネジメントで動く組織の魅力を語っています。（詳しくは300ページに後述）

## 動機の源を知って自分の軸をつくる

動機の源とは、やりがいや喜びを感じる理由です。私たちは一人ひとり、異なる動機の源をたくさん持っています。同じ職種についていても、性格が似ていても、同じことにやりがいを抱いているとは限りません。

たとえば、チームのプロジェクトが成功したとき、誰もが成功したことを喜んでいたとしても、その理由は一人ひとり異なります。

仲間と一緒に取り組み、ワンチームになれたことに満足している人もいれば、クリエイティビティが発揮できたことに喜びを感じている人もいます。誰もが不可能だと思うゴールを見事に達成したことに満足している人もいれば、競争に勝てたことを喜んでいる人もいます。お客様にありがとうと言ってもらったことに感激している人もいれば、評価されたことを嬉しく思っている人もいるかもしれません。

あなたのプロジェクトが大きな成果を出したとき、嬉しい理由は何でしょうか？　まだその理由がよくわからない人も、これから紹介する「自分を知るリフレクション」を実践すれば、すぐに動機の源が明らかになります。

モチベーションが高まる理由は、ひとつではありません。このリフレクションで「動機の源リスト」をつくり始めましょう。

動機の源を知ることは、リーダーシップを磨くためにも役立ちます。動機の源は、人柄や魅力の源泉であり、人があなたについていく理由です。動機の源を知って自分のモチベーションを維持できるようになると、困難な状況でもぶれない軸を持つリーダーになることができます。

# 実践　自分を知るリフレクション

今まで「動機の源」を言語化してこなかったとしても、「心」はすでに、それが何かを知っています。なぜなら、動機の源が満たされているときには「やりがいや喜び」を感じていて、動機の源が満たされていないときには、ネガティブな気持ちになっているはずだからです。

自分を知るリフレクションでは、「なぜ、そんな気持ちになったのか」を探求します。

感情の動きが伴うテーマについてリフレクションすると、無意識に心が感じとっている動機の源は、「価値観」として現れます。

ここからは、次の４つのリフレクションを通して自分の大切にしている価値観を言語化し、動機の源を探していきましょう。

- キーワードリストを活用したリフレクション
- 日常の出来事を題材にしたリフレクション
- 腹が立ったこととのリフレクション
- 自分史のリフレクション

## キーワードリストを活用したリフレクション

次のページにあるキーワードリストの中から、もっとも大切なものをひとつ選び、「認知の4点セット」の問いに答えましょう。

たとえば、次のページのように、リストの中から最初に「チャレンジ」というキーワードを選ぶとします。そのキーワード自体も自分らしさを表していますが、認知の4点セットのリフレクションで導かれた価値観「前向きさ、不可能への挑戦」のほうが、より自分らしさを具体的に表現しています。つまり、「前向き」な使命を持つときや、「不可能への挑戦」となる大きなチャレンジに取り組むときに、モチベーションが高まる人のようです。

また、「チャレンジ」という言葉に紐づく経験と価値観は一人ひとり異なります。同じように「チャレンジ」という言葉を選んだ人がいたとしても、そこから明らかになる動機の源は違ったものになります。チャレンジを「成長すること」と結びつけている人もいるかもしれませんし、「冒険が好き」だから選んだ人もいるかもしれません。

WORK

## キーワードから自分の動機の源を探す

**最も大切だと思うキーワードを選んで、**
**認知の4点セットでリフレクションしましょう。**

キーワードリスト

バランスのとれた生活／職業上の行い／チャレンジ／勇気・リスクテイク／職業上の成果／社会的問題／名声・成功／パワー・影響力／正直／自己理解／オープンさ／良い人間関係／勤勉さ／孤独／瞑想／他者支援／仕事そのものの喜び／効率／物質的豊かさ／自立・独立／仕事の質／好奇心／精神性／未来志向／広範囲の関心／専門分野での評価／創造性・独自性／指導・育成／信条／真実の追求／成長・学習

| 認知の4点セットの例 | |
|---|---|
| 意見 | **どのキーワードを選びましたか?**<br>チャレンジ |
| 経験 | **このキーワードを大切だと感じた経験は、どのようなものでしたか?**<br>新入社員のとき、会社にとって重要なプロジェクトのメンバーとして仕事をした。アシスタント業務だったが、選抜された先輩たちは優秀な人ばかりで、日々学びの連続だった。とても難しいプロジェクトで、課題も山積みだったが、先輩たちは、次々と課題を解決し、成果を上げていった。特に、興味深かったのは、危機的な状況に陥ったときでも、彼らは、決して後ろ向きの議論をしなかったことだ。そして、いつの間にか、危機を脱出していった。プロジェクトが完了するまで、この繰り返しだった。 |
| 感情 | **どのような気持ちでしたか?**<br>誇らしい、わくわくとドキドキの連続 |
| 価値観 | **そこから見えてくる、あなたを突き動かす大切な価値観は何ですか?**<br>前向きさ、不可能への挑戦 |

このワークは、複数人で集まって実践することをおすすめします。まずはそれぞれがワークに取り組み、結果を共有しましょう。違うキーワードを選んだ人の話や、同じ言葉に違う意味づけをしている人の話を聴くことで、他者への理解が深まるとともに、よりはっきりと自分らしさを認識できるはずです。

大切にしている価値観を見つけたら、特に情熱につながるものを、自分だけの動機の源としてリスト化しておきましょう。モチベーションが上がらないときにリストを見返して、自分の動機の源を満たすような行動を取っていけば、また前向きに仕事に邁進できるようになります。

## 日常の出来事を題材にしたリフレクション

日常生活は、動機の源を発見する機会で溢れています。ポジティブな気持ちのときも、ネガティブな気持ちのときも、動機の源を見つけるチャンスです。感情が動いた経験をリフレクションの題材にして、自己理解を深めていきましょう。

特に「やりがいを感じた仕事」は取り組みやすい題材なので、定期的にリフレクションをしてみてください。

**意見**

**やりがいを感じた仕事をひとつ挙げてください。**

受注獲得

**経験**

**それはどのような経験でしたか？**

初めて大型物件を受注した。上司の指導をあおぎ、丁寧に顧客と向き合い、成し遂げた実績。わが社にとっても初めての取引だったので、なぜ自分が担当なのだろうかと負担に感じた時期もあったが、部内のみんなが応援してくれたので、成果を出すことができた。

**感　情**　**どのような気持ちでしたか？**

嬉しい、達成感

**価値観**　**そこから見えてくる、あなたが大切にしている価値観は何ですか？**

協力、仲間、感謝

このリフレクションは、「やりがいを感じた仕事」以外にも、感情が大きく動いたことがあったら、ぜひやってみてください。「受注が取れて、やりがいを感じた」のような感情のリフレクションに留まらず、**なぜそう感じたのか、その理由（価値観）を探求する習慣を持つと、自分が何を大事にしているのかを知ることができます。**

## 腹が立ったことのリフレクション

頭にきたり、腹立たしく思ったりするときは、動機の源が満たされていません。そんなときは、「なぜ、今、私は不快に感じているのか」と自分に尋ねてみてください。この習慣を持てば、**残念な経験も、動機の源を見つけるチャンスに変わりますし、冷静さを取り戻すことができるようにもなります。**

**意見**　**最近、腹が立ったこと（ネガティブな気持ちになった経験）をひとつ挙げてください。**

会社の方針転換

**経験**　**それはどのような経験でしたか？**

会社の方針転換で、進めていた案件が中止になった。せっかく頑張って計画通り進めていたのに！　あと3ヵ月あれば成果が出せたのに、なぜ中止になってしまったのだろう。納得できない。

**感　情**　**どのような気持ちでしたか？**

悔しい

**価値観**　**そこから見えてくる、あなたが大切にしている価値観は何ですか？**

成果・結果、初志貫徹、オーナーシップ、責任

意外かもしれませんが、嬉しいことよりも、悔しいことや腹が立ったことなど、ネガティブな感情を振り返るほうが、自分が大切にしている価値観を見出しやすいのです。青空を見て「今日はいい天気だなー」と幸せな気分でいるときに、「なぜ幸せなのだろう」と自分に問いかけても、動機の源となるような価値観を見出すのは難しいものです。けれども、「あの人は、いつも約束を守らない！」と腹が立ったときには、許せない理由が明確にわかります。この場合は、「約束を守る」という価値観を大切にしているからです。

ネガティブな感情に陥ったときは、自分を知る絶好のチャンスです。ぜひ、「なぜ、こんな気持ちになるのだろう」と自分に尋ねてください。

## 自分史のリフレクション

キャリア開発やリーダー研修などで、自分史のグラフを作成したことはありませんか？自分史のグラフとは、縦軸にモチベーション、横軸に時間を設定し、自分がこれまで歩んできた人生の中で印象的な出来事を振り返るグラフです。どんな人も、山あり谷あり、カーブが描かれているはずです。

作成した自分史をお持ちなら、そのカーブに当たる経験（ターニングポイント）から、ポジティブな経験とネガティブな経験を選び、前ページのようにリフレクションをしてみましょう。転機となった経験からは、たくさんの動機の源を発見することができます。

何度もリフレクションを重ねていくと、繰り返し出てくる価値観があるかもしれません。たびたび挙がってくる価値観は、動機の源の中でも特に大切にしている価値観です。日頃から、自分を知るためのリフレクションを習慣化し、自分だけの「動機の源リスト」を作成しておくと、ふと、やりがいを感じられなくなったときにも、モチベーションを高めるヒントが得られるはずです。

また、動機の源と仕事を結びつける習慣を持つと、会社や上司に頼らなくても自燃《じねん》することができ、どんな環境でも成長を続けられるようになります。

**ポイント**

- ○ポジティブ・ネガティブな気持ちになったときに、「なぜ、そう感じるのか」を自分に問いかけ、リフレクションする。
- ○リフレクションで発見した「動機の源リスト」を作成する。
- ○動機の源を活かし、やりがいと幸せを感じる機会を増やす。

# ビジョンを形成する

動機の源が明らかになったら、次は、「ビジョンを形成するリフレクション」に挑戦しましょう。これまで見つけた動機の源を、目的やビジョンに向かうための原動力にしていきます。自分の心の中にあるビジョンの種を動機の源に結びつけることで、「自分は何を実現したいのか」が明確になります。

本書では、目的やビジョンを「未来に対する意図」と定義づけます。ビジョンという言葉に、壮大なゴールをイメージする方もいるかもしれませんが、本書では「担当しているお客様に笑顔になって欲しい」「健康に暮らしたい」という身近な願いも含みます。**自分が実現したいことすべてを含む概念**として捉えてください。

# ネガティブな感情からビジョンの種を探す

ビジョンを形成するリフレクションでは、ネガティブな感情に焦点を当て、「認知の4点セット」でリフレクションを行います。

動機の源（大切にしている価値観）が満たされていないときは、何かに不満を持ち、課題を認識しているはずです。時には怒りすら感じることがあるかもしれません。

そんなとき、心の中には「ありたい姿（理想）」のイメージが存在していて、その姿が実現することを願っているはずです。これが、ビジョンの種です。**心の中にあるビジョンの種を、本物のビジョンに変換することが、このリフレクションの狙いです。**

動機の源につながるビジョンを持つと、「現状を変えたい」という思いや「現状と理想のギャップを埋めたい」と強く願う気持ちが生まれ、潜在的能力が高まっていきます。

あなたの内発的動機が創造力を掻き立て、困難に打ち勝つエネルギーが生まれます。このエネルギーを、学習する組織では、**「クリエイティブテンション」**と呼びます。

「志がある」「信念がある」「自分ごと化している」「当事者意識がある」といった言葉も、すべてクリエイティブテンションが自分自身を突き動かしている状態を表現しています。

目の前のことに対して、より意識を向けたいときには、これから紹介するリフレクションを行って、ビジョンを明確にしていきましょう。

図1-7　クリエイティブテンション

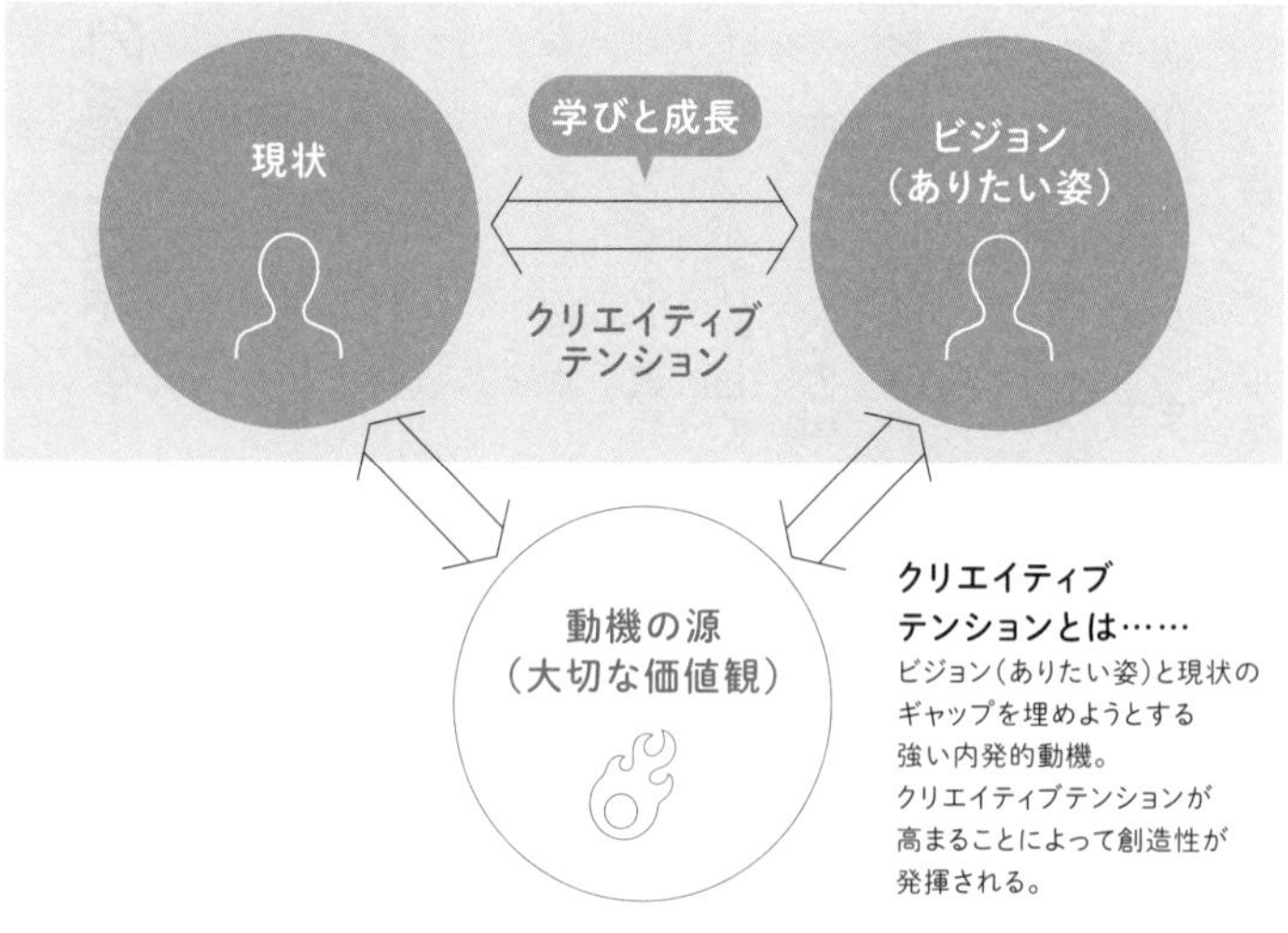
現状
学びと成長
ビジョン
（ありたい姿）
クリエイティブ
テンション
動機の源
（大切な価値観）
クリエイティブ
テンションとは……
ビジョン（ありたい姿）と現状の
ギャップを埋めようとする
強い内発的動機。
クリエイティブテンションが
高まることによって創造性が
発揮される。

## 実現したいことを明確にする

自分が実現したいことをテーマにリフレクションをすると、「自分はどんな状態を望んでいるのか」そして「それはどんな価値観を大切にしているからなのか」がわかります。
まだビジョンが明確でない人も、現在の仕事やプライベートで実現したいと思っていることを題材にしてください。

### 実現したいことのリフレクション

**意見**　**現在、実現したいことは何ですか？**

リフレクションを、誰にとっても当たり前の習慣にする。

**経験**　**その意見の背景にはどのような経験（知っていることを含む）がありますか？**

過去の成功体験を前提にしか物事を考えられない人と未来を創る議論をしても、

理想の姿を描くことも、前進することも難しい。現状維持が死を意味すると言われているが、現状維持になってしまう。

**感　情**

**どのような感情が、その経験に紐づいていますか？**

悲しい、焦り

**価値観**

**そこから見えてくる、あなたが大切にしている価値観は何ですか？**

境界線の外に出る、良い変化を創る

動機の源となっている「価値観」と、実現したいビジョン、つまり「意見」がつながっていることで、ビジョンの存在は自身を突き動かす大きな力となり、困難に直面しても負けないエネルギーが内側から湧き出てきます。このエネルギーを活用することができれば、何も恐れるものはありません。

## 目的やビジョンを自分ごと化する

会社で仕事をしている人の中には、「仕事もビジョンも会社から降りてくるものだ」と思う人がいるかもしれません。

しかし、たとえ与えられた仕事でも、自分の動機の源とのつながりを認識することで仕事はずっと楽しくなり、潜在能力を発揮できる場も増えていきます。

ここからは、目的やビジョンを自分ごと化し、実現したときのイメージを明確にするリフレクションを紹介します。

### 取り組んでいるテーマのリフレクション

あなたが現在取り組んでいることについて、10の問いに答えてください。

**テーマ**　あなたは、何に取り組んでいますか？

**目的とビジョン**　あなたは、その取り組みを通して、何を実現したいですか？

**動機の源とのつながり**　そのことは、あなたにとってどのような意味を持ちますか？

**経験**　そのことについて、どのような経験（知っていることも含む）をお持ちですか？

（目的やビジョンが大切だと思う背景にある経験）

**感情**　その経験には、どのような感情が紐づいていますか？

**価値観**　そこから見えてくる、あなたが大切にしていることは何ですか？

（何を大事にしているから、その目的やビジョンにこだわりを持っているのか。経験や感情の背景に、どのような価値観が存在するのか）

**誰のニーズ**　取り組みの受益者は誰ですか？

（目的やビジョンが達成すると、誰のニーズが満たされるのか）

**どのようなニーズ**　取り組みが成功すると、受益者は何を手に入れるのでしょうか？

（目的やビジョンが達成すると、どんなニーズが満たされるのか）

**インパクト**　取り組みが成功すると、社会にどのような変化が起きますか？

（目的やビジョンが達成すると、社会はどう変わるのか。インパクトの範囲は、家族、地域、コミュ

ニティ、チーム、組織等、テーマに合わせて置き換えてください）

**成功の評価軸**　目的やビジョンの成功を評価する定義は何ですか？

（取り組みにおいて絶対に外せないゴールや、成功の評価に用いる評価軸は何か）

自分が何を実現したいのか、なぜ、そのことが大切なのかを自問することで、取り組みがさらに自分ごとになります。大きなビジョンなら、10の問いに答える過程で、わくわく感と緊張感を両方味わうかもしれません。

認知の4点セットを活用しながらリフレクションを行うと、自分が何を大切にしているのかがわかります。リフレクションで明らかになった価値観をリストにしておけば、どんな仕事も自分ごと化するのに役立ちます。動機の源につながるビジョンを持ち、「なぜこの仕事に取り組むのか（Ｗｈｙ）」を自分の言葉で語れるようになると、自ずと動き方も変わります。周囲に「どうしたの？」と驚かれることでしょう。

## WORK 取り組んでいるテーマのリフレクション

あなたが現在取り組んでいることについて、
10の問いに答えてください。

| | |
|---|---|
| テーマ | **あなたは、何に取り組んでいますか?**<br>リフレクションの普及啓発 |
| 目的とビジョン | **あなたは、その取り組みを通して、何を実現したいですか?**<br>リフレクションを、誰にとっても当たり前にする |
| 動機の源とのつながり | **そのことは、あなたにとってどのような意味を持ちますか?**<br>課題解決がどんどん進み、今日より明日がよくなると実感できる |
| 経験 | **そのことについて、どのような経験(知っていることも含む)をお持ちですか?**<br>バブル期に留学したビジネススクールの最大のテーマは、「なぜアメリカが日本に負けたのか」のリフレクションだった。そこで日本型経営の強みをアメリカで学び帰国したら、日本企業は、日本型経営の強みを次々と手放し弱体化し始めた。日本は「なぜ勝てたのか」をリフレクションしていなかったので、強みを手放しているという自覚もなかった。 |
| 感情 | **その経験には、どのような感情が紐づいていますか?**<br>驚き、残念 |
| 価値観 | **そこから見えてくる、あなたが大切にしていることは何ですか?**<br>賢さ、謙虚さ、学習と進化 |
| 誰のニーズ | **取り組みの受益者は誰ですか?**<br>人々、企業、社会、子どもたち |
| どのようなニーズ | **取り組みが成功すると、受益者は、何を手に入れるのでしょうか?**<br>人々:自らの潜在的な能力が開花する。<br>企業:強みを活かし、社会に貢献し続ける。<br>社会:社会変革に必要なリフレクションと対話が広がる。<br>子ども:進化し続ける社会を引き継ぐことができる。 |
| インパクト | **取り組みが成功すると、社会にどのような変化が起きますか?**<br>人々:自己効力感と幸福感が増す。<br>企業:イノベーションが促進される。<br>社会:ビジョンが形成される。<br>子ども:自ら社会を変えられるチェンジメーカーが増える。 |
| 成功の評価軸 | **目的やビジョンの成功を評価する定義は何ですか?**<br>リフレクションと対話を活用する、人と組織(チーム)の数と成功事例の数 |

# 小さなビジョンも大切に

本書では、ビジョンを、「未来に対する意図」と定義しました。ビジョンは、壮大でなければならないと思っている人もいるかもしれませんが、世界を変える大きいビジョンも、半径5メートルに関わる小さなビジョンも、どちらも大切なものです。

たとえば、会議中に、「全員が意見を共有する場であるはずなのに、なぜみんな本音を語っていないのだろう」と現状に不満を持ち、みんなが本音を出し合える「ありたい姿」を心の中にイメージしていたら、そこには未来を変えるビジョンが存在しています。

そのビジョンを実現するために、場の空気を変えることに挑戦すれば、みんなの遠慮も消えて本音が次々と出る会議が実現するかもしれません。

**日々の仕事や生活の中で何かに不満を持ったときには、なぜ違和感や不満を感じるのか自分に問いかけ、満たされていない動機の源が何なのかを特定してみましょう。**

あなたの中にある願いと、その先にある「ありたい姿」を見出せるはずです。

## すべての起業ストーリーに動機の源がある

大きなビジョンの事例として、起業家のビジョンを取り上げてみましょう。起業家のビジョンは、製品やサービスとして具現化していることが非常に多く、身近にあるサービスからも垣間見ることができます。

今では時価総額110兆円のグーグルにも、創業期がありました。グーグルは、ラリー・ペイジとセルゲイ・ブリンという2人のスタンフォード大学の研究者が立ち上げた会社です。

当時の検索エンジンサービスは、IT業界にとってまったく儲からない、魅力のないビジネスでした。飛ぶ鳥を落とす勢いだったマイクロソフトのビル・ゲイツも、検索エンジンにはまったくビジネスの可能性を感じていなかったようです。そんな検索エンジンに、ラリーとセルゲイが夢中になった背景には、彼らの動機の源があります。

検索エンジンは、その当時、テレビ広告モデルを踏襲したビジネスモデルで運用されていました。高い広告料を払えば、検索結果の最上位に情報が表示される仕組みです。そこに強い違和感を覚えたのが、ラリーとセルゲイです。

彼らは2人とも、科学者の家庭に育ち、自らもスタンフォード大学で研究に取り組んでいたので、商業主義によって情報が操作される検索エンジンが許せませんでした。誰かが病気のお母さんのために必要な薬を探そうとしても、広告料で検索結果が決まってしまっては、本当に必要な情報に出会うことができません。

そして、「広告料で検索結果が決まる

図1-8　グーグルのビジョン

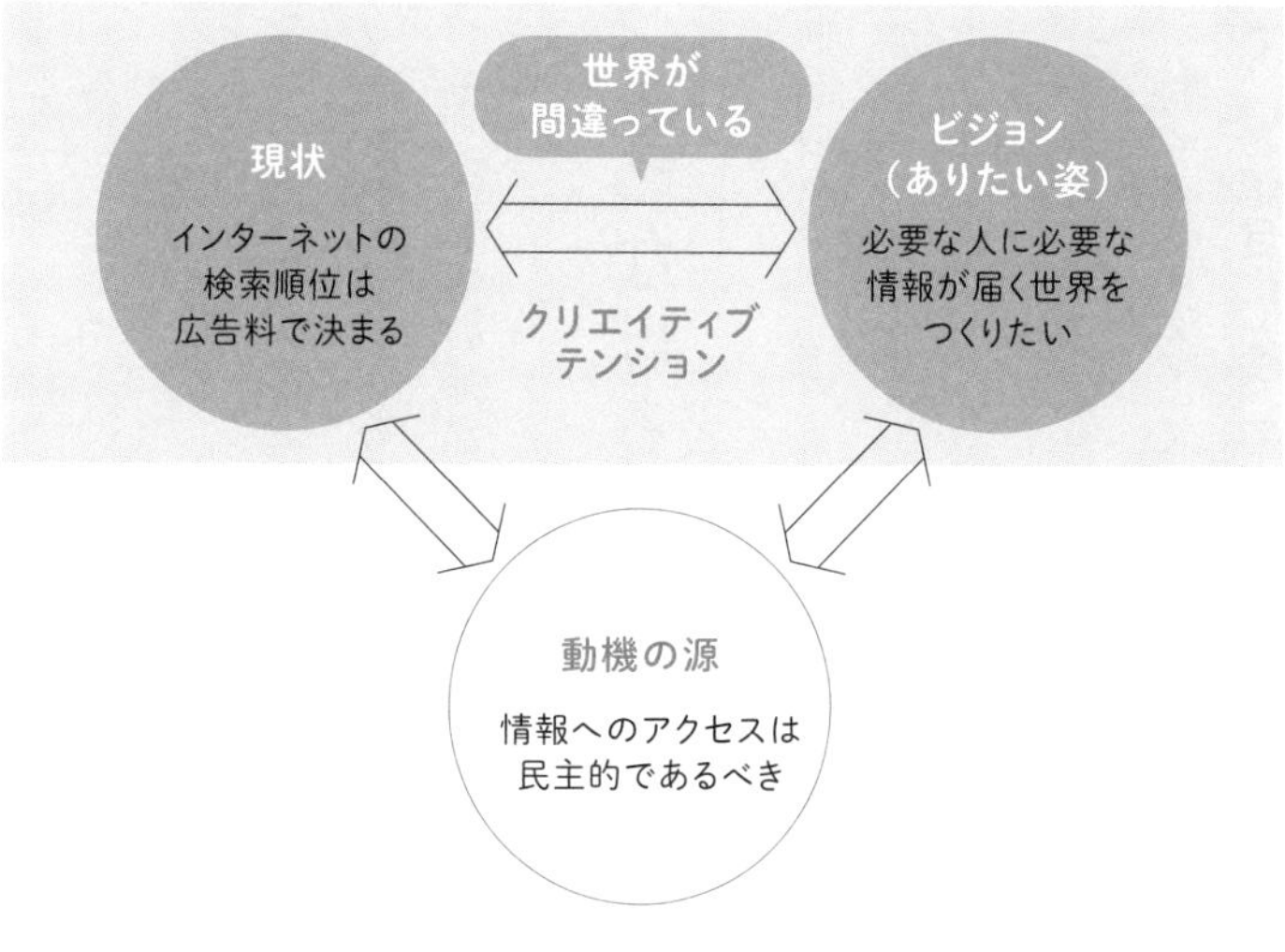

世界が間違っている
現状
インターネットの検索順位は広告料で決まる
ビジョン（ありたい姿）
必要な人に必要な情報が届く世界をつくりたい
クリエイティブテンション
動機の源
情報へのアクセスは民主的であるべき

検索エンジン」を当たり前に受け入れている世界は間違っていると叫びます。これが、民主的な検索エンジン・グーグルの始まりです。

すべての起業のストーリーには、動機の源につながる「現状とありたい姿とのギャップ」と、ありたい姿に向かう創業者の「クリエイティブテンション」があります。現状とは異なる未来をはっきりと心の中に思い描ける理由は、そこに動機の源があるからです。

## 会社のビジョンと個人のビジョンをつなげる

さて、個人のビジョンをテーマに、ビジョンと動機の源やクリエイティブテンションのつながりを解説してきましたが、ここでは、会社がビジョンを浸透させるために、リフレクションを役立てる方法を説明します。

ビジョンを掲げる企業では、ビジョンを浸透させるために、ビジョン説明会や、経営幹部と社員との対話会、ビジョンカードの配布など、様々な工夫をしています。それにもかかわらず、**会社のビジョンは、多くの社員にとって、お題目になってしまうことが多いの**

です。あなたも身に覚えがあるのではないでしょうか。あるいはリーダーであれば、似たような悩みを抱えているかもしれません。なぜ、ビジョン浸透の努力が実を結ばないのでしょうか。

答えは簡単です。会社のビジョンが、一人ひとりの動機の源と結びついていないからです。「会社が何を実現したいのか」「そのために、会社があなたに何を期待しているのか」を、説明しているだけでは、ビジョンは浸透しません。ビジョン浸透とは、ビジョンが一人ひとりの心の中に、確かなものとして存在している状態です。そのためには、まず自分ごとにするためのリフレクション（59ページの「取り組んでいるテーマのリフレクション」）を促すことから始めましょう。

「そのビジョンが具現化することはあなたにとってどのような意味を持ちますか？」
「あなたは、なぜ、そのビジョンを実現したいのですか？」
「あなたの動機の源は、ビジョンとどのように結びついていますか？」

このような問いに誰もが答えられる環境をつくることで、ビジョン浸透が確実なものになります。

会社のビジョンの浸透は、会社起点でスタートするものかもしれませんが、実際は一人ひとりのビジョンに支えられ、具現化されていくものです。

動機の源は、違和感を察知するセンサーのような働きがあり、ありたい未来の姿を心に映し出す力を持っています。リフレクションを通して、「私は何を実現したいのか。そのことが自分にとってどのような意味を持つのか」という自分の思いを明らかにすることで、ビジョンが自分ごとになっていきます。そして、メンバー一人ひとりが、この問いの答えを持ったとき、ビジョンは、組織を動かす大きな力になるはずです。

## 「理想に向かう力」を最大化する

自分のビジョンを明確にすると、「こうなりたい」「現状を変えたい」という気持ちが強くなります。56ページでも紹介しましたが、この現状と理想のギャップを埋めるためのエネルギーを、「クリエイティブテンション」と呼びます。

このエネルギーは、意識していないと活用することができません。ふだんは眠っているクリエイティブテンションを目覚めさせるためには、「取り組んでいるテーマのリフレクション（59ページ）」が欠かせません。ビジョンを自分ごと化することができると、目覚めたクリエイティブテンションは、あなたの潜在的能力を開花させ、課題解決に向かうエネルギーを高めます。すると、通常では思いつかないような優れたアイディアが閃いたり、困難に直面しても、障壁を打ち破り前進することができます。

京セラの創業者・稲盛和夫氏は、ブレイクスルーにつながるアイディアとの出会いを、「神のささやき」と命名し、それは、本気で取り組む人にだけ与えられる「天からのごほうび」だと述べています。

稲盛和夫さんの著書『心。』（サンマーク出版）に、彼が開発者だった頃の話が紹介されています。当時、稲盛さんはブラウン管テレビの絶縁部品を量産するためにセラミックをつなぐ良質な材料を探していたそうです（ビジョン）。そんなある日、稲盛さんは、たまたま、誰かが床に置き忘れていた実験用のワックスにつまずき、足を滑らせました。「誰が、こんなところに置いたんだ！」と叫ぼうとした稲盛さんは、靴底に張りついたワックスに目が釘付けになったそうです。このワックスこそが、彼の探していた素材でした。稲盛さんには、そのとき、「神のささやき」が聞こえたそうです。クリエイティブテンションが目覚めた状態でビジョンを実現するために、答えを本気で探している人にだけ与えられる「天からのごほうび」です。

オムロンの創業者である立石一真氏は、「答えとの出会い」を「決定的瞬間」と表現しています。

オムロンが、日本で最初に自動改札機を開発した際に、最後の課題となったのは、バラバラの角度で投入された切符の向きを揃える方法でした。この課題の「答えとの出会い」は、技術者の世界でとても有名な話です。「決定的瞬間」は、開発者が渓流釣りに行ったときに訪れました。川上から流れてきた笹の葉が、岩にぶつかり、軽やかに向きを変えたとき、彼は、切符の向きを揃える方法を思いついたそうです。そして、投入口の近くに駒（岩がモデル）を置くことで、切符を縦に揃えることに成功します。笹の葉と出会う「決定的瞬間」が、開発者を日本初の自動改札機の完成に導きました。普通に過ごしていて、流れる笹の葉から切符を連想するでしょうか。答えと出会う瞬間を見逃せないほど、彼のクリエイティブテンションが大きくなっていたのでしょう。

このように、創造的な仕事は、「ねばならない」ではなく、「○○を実現したい」という「Ｗａｎｔ」が前提です。強いＷａｎｔが、クリエイティブテンションになり、その先に、「探していた解決策との出会い」があります。

クリエイティブテンションを目覚めさせるためには、動機の源を起動させる必要があります。自分が大切にしている価値観である動機の源がサーチライトとなり、現状に対する不満を察知し、自分が望む「ありたい姿」に意識を向けるエスコート役になります。ありたい姿を願い、発見したギャップをどうしても埋めたいと思うときに、答えと出会う「決定的瞬間」が訪れるはずです。

ビジョンを形成するリフレクションを通して、動機の源とつながる「ありたい姿」を明らかにしましょう。日常の仕事も、動機の源と結びつけることで、たくさんの喜びややりがいを手に入れることが可能になります。現状とありたい姿のギャップを埋める過程でも、リフレクションを繰り返すことで、課題解決の道筋が見えてくるはずです。

クリエイティブテンションを活かし、ビジョンを実現させていく過程は、試行錯誤の連続です。

次は、その過程に欠かせない「経験から学ぶリフレクション」を紹介します。

**ポイント**

- ○「ビジョンを形成するリフレクション」を実践して、動機の源を「ありたい姿」を実現する活力に変える。
- ○「取り組んでいるテーマのリフレクション」でどんな仕事も自分ごと化する。
- ○理想と現状のギャップを埋めるためのエネルギー「クリエイティブテンション」を活用して、ビジョンを実現する。

# 経験から学ぶ

目的やビジョンが動機の源につながると、ゴールに向かうためのエネルギーが湧いてきます。しかし、ありたい姿に到達するまでには、様々なハードルがあるはずです。このハードルを越えていくために、ここでは「経験から学ぶリフレクション」を紹介します。

## リフレクションと反省を区別する

まず最初に、みなさんと認識を一致させたいことがあります。それは、リフレクションと反省は違うということです。リフレクションも反省も、過去の経験を振り返る行為ですが、振り返る目的が違います。

反省した場面を思い出してみてください。変えることができない過去の間違いを振り返り、言動を悔いたり、重たい気持ちになったりした経験があるのではないでしょうか。あるいは、誰かに責任を追及されたり、評価を下されたりするような、そんな残念な経験だったかもしれません。

リフレクションの目的は、経験からの学びを未来に活かすことです。リフレクションの前提には、**「成功しても、失敗しても、いずれにしても、経験したからこそ知っていることがある、経験を知恵に変えることができる」**という信念があります。リフレクションを行うのは、経験を通して賢くなりつづけるためです。良質なリフレクションを行えば、成功も失敗も、その経験を叡智に発展させることができます。

ですから、失敗をポジティブな気持ちで振り返る力が欠かせません。新たな価値を創造しようというときに、失敗を悔やみ立ちすくむようなら、イノベーションは起こせません。うまくできることだけやっていても、難しい問題は解決されず、成長も進化もありません。

何かにチャレンジして失敗したときに、「できない」と思い込むのか、「これからできるようになる」と可能性に目を向けるのかで、経験から得られる学びの質が変わります。あ

図1-9　リフレクションと反省の違い

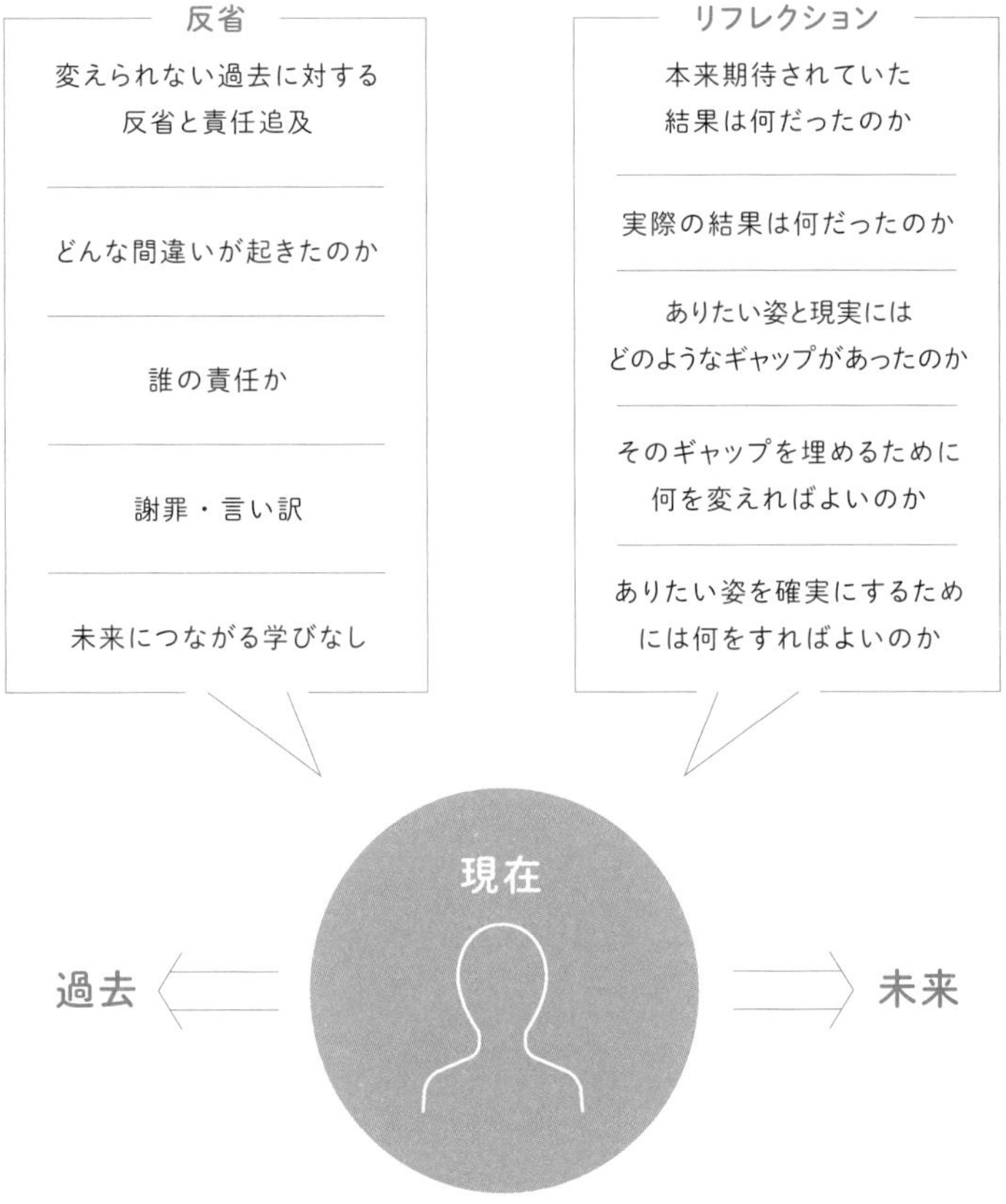
反省
変えられない過去に対する
反省と責任追及
どんな間違いが起きたのか
誰の責任か
謝罪・言い訳
未来につながる学びなし
リフレクション
本来期待されていた
結果は何だったのか
実際の結果は何だったのか
ありたい姿と現実には
どのようなギャップがあったのか
そのギャップを埋めるために
何を変えればよいのか
ありたい姿を確実にするため
には何をすればよいのか
現在
過去
未来

POINT

リフレクションは、過去の経験を未来に活かすもの

らゆる経験を糧にするために、「経験から学ぶリフレクション」を身につけましょう。

## 内面のリフレクションが学びにつながる

経験から学ぶリフレクションには、コルブの経験学習サイクル（図1－10）が欠かせません。経験学習サイクルは、①経験する、②振り返る、③法則を見出す、④次の計画に活かすという4つのステップを繰り返すことで、経験から学ぶ力を高めます。本書では、コルブの経験学習サイクルを実践する際にも、認知の4点

図1-10　コルブの経験学習サイクル

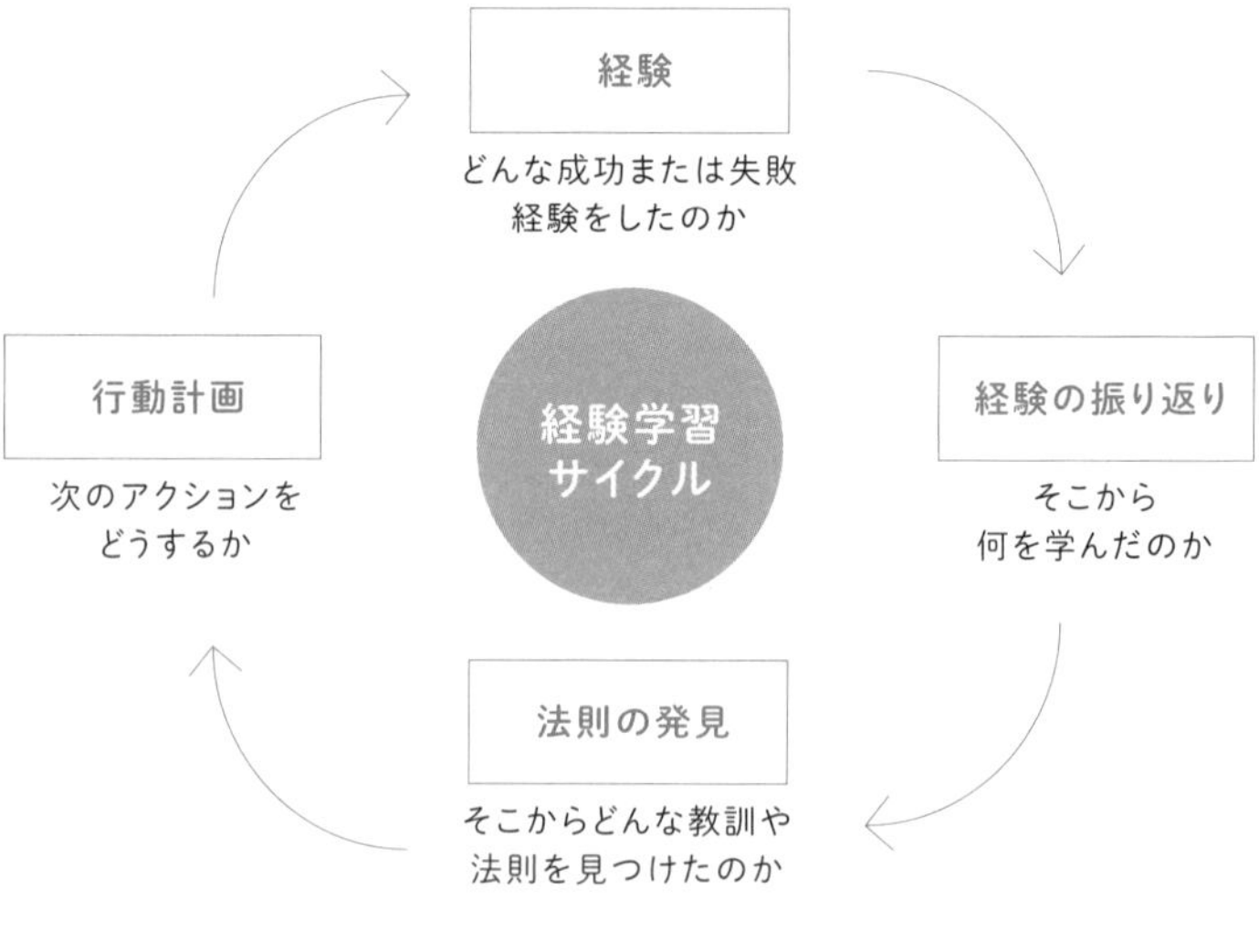
経験
どんな成功または失敗
経験をしたのか
経験の振り返り
そこから
何を学んだのか
法則の発見
そこからどんな教訓や
法則を見つけたのか
行動計画
次のアクションを
どうするか
経験学習
サイクル

セットを使います。

私は以前、350店舗を運営する教育事業会社で、エリアマネジャーと店長の育成に10年ほど取り組んだことがあります。その組織は経営理念に「学び」を掲げていたこともあり、そこに集まる人々はとても優秀で学ぶ意欲も高く、真剣に経験学習サイクルを回す様子が見られました。

しかし、同じように経験学習サイクルを回しているように見えても、学んで成長する人と、学べない人がいました。その理由を調べて明らかになったのは、経験学習に4つのレベルがあるということです。レベルの低いリフレクションをしてばかりでは、自分の成長にはつながらないのです。

経験学習のレベルは、次の4つに分かれています。

## レベル1　結果のリフレクション

レベル1は、出来事や結果についてのリフレクションです。事実を正しく捉えるためのリフレクションはとても大切ですが、**経験の振り返りがこのレベルに終始していると、経験を学びに変えることはできません。**

## レベル2　他責のリフレクション

レベル2は、他者や環境についてのリフレクションです。どれだけ時間を費やしても、他者や環境に原因を求めていては、未来を変えるヒントを得ることはできません。

人材育成のリフレクションでは、多くの人がレベル2に終始しています。「指導に時間を費やしているのに、部下が育たない」と悩む人は、部下の課題に神経を集中させています。しかし、ここで留まっていてはいけません。状況を変えたいのであれば、部下の課題を横に置いて、自分の関わり方や指導方法についてリフレクションを行いましょう。

## レベル3　行動のリフレクション

レベル3は、自分の行動についてのリフレクションです。**自らの行動を振り返り、結果と結びつけることで、次に取るべき行動が見えてきます。**しかし、「自身の行動を振り返っても、状況を変えることができない」と悩んだ経験もあるかもしれません。

経験を振り返っても、次の打ち手を試してみても、課題を解決できないときには、行動の前提にある自分の内面に意識を向ける必要があります。

## レベル4　内面のリフレクション

レベル4は、自分の内面のリフレクションです。行動の前提にある持論（過去の経験から導かれた法則）を、認知の4点セットで振り返ることで、**行動の前提にある自分の考えを俯瞰することが可能になります。**本書では、レベル4の「経験から学ぶリフレクション」ができるよう解説します。

私たちの行動の前提には、「こうすれば、うまくいくはずだ」という考えがあります。意識せずとも、過去の経験で培った知恵を活かし、日々行動しているのです。

ところが、ときどき、過去の経験に基づく成功法則が通用しないことがあります。そんなときには、**「こうすれば、うまくいくはずだ」と思っている自分の内面を振り返る必要があります。**

変化の激しい時代には、前例を踏襲することはリスクを伴いますから、自己の内面を振り返るレベル4のリフレクションの習慣は、ますます重要性が高まっていきます。

図1-11　リフレクションレベル

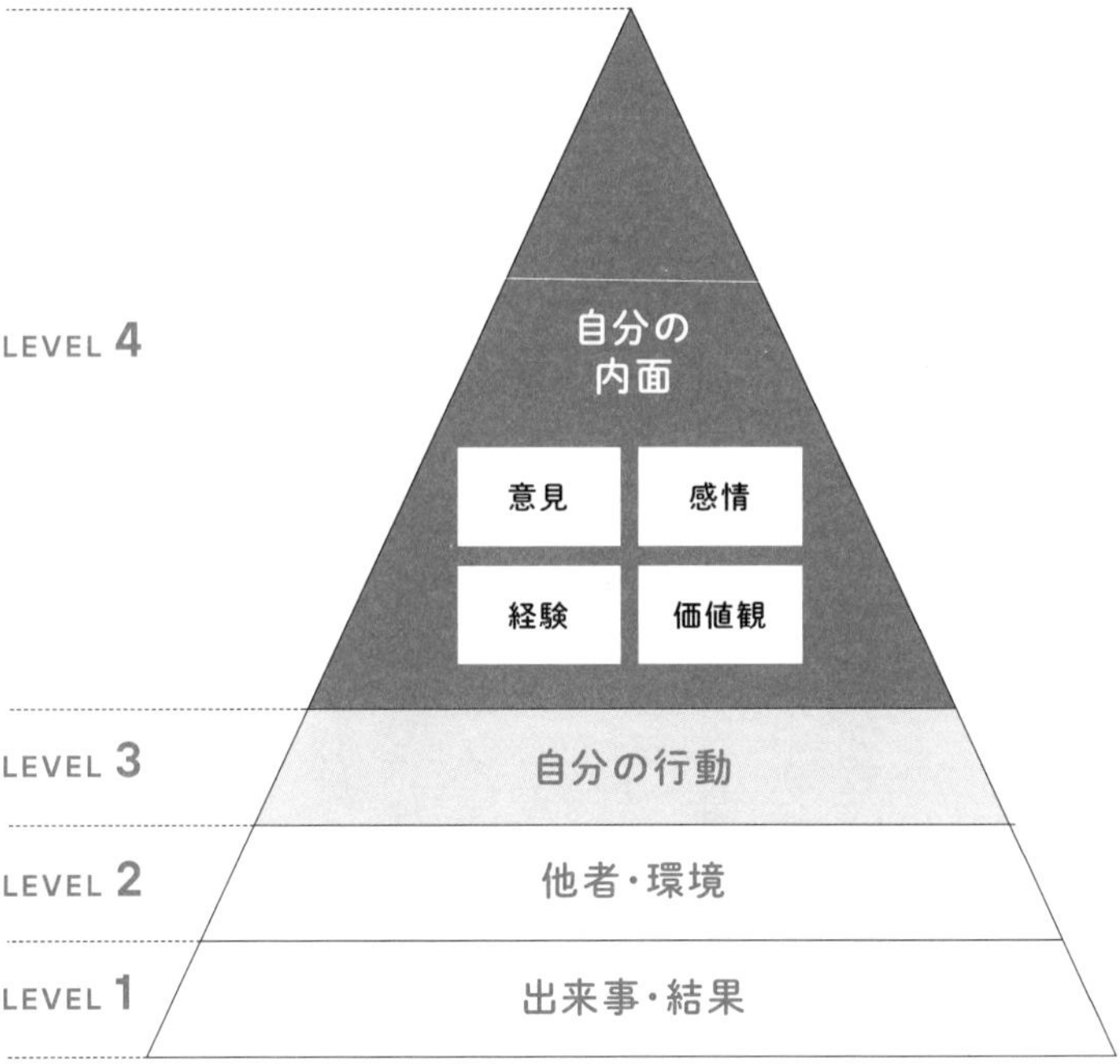


POINT

リフレクションのレベルが高いほど、
経験から学べるものが増えていきます

自己完結する仕事は少なく、他者や環境を無視することはできません。しかし、他者の状況や環境を正しく認識した上で「自分の仮説はどうだったのか」「何を変えれば『ありたい姿』に近づけるのか」を考えていくのが、成長につながるリフレクションです。

## 行動を変えられない理由を探る

行動の前提にある自分の考えを知ることに、どのようなメリットがあるのでしょうか。
たとえば、「部下を育てたいと強く思っているのに、実際には育てられない」と悩んでいる人がいるとします。優秀なプレイヤーとして結果を残したからこそ部下を持つようになったのに、プレイヤーとしての成功体験が手放せず、指導しながらも最後には自分が仕事を引き取ってしまう……。そのような人が、周りにもいるかもしれません。

**自分の行動を変えたいと思っているのに変えられないときには、実は、自分の行動を変えないほうが望ましい正当な理由があります。**「部下を指導することも大事だと思っているが、期待される仕事のスピードを厳守することも大事」このようなジレンマを抱えている場合、レベル3の「行動のリフレクション」だけを行っていても、行動を変えることは難しいのです。

私たちの行動の背景には、ポジティブな理由があります。自分が仕事を引き取ってしまう人は、組織が求めるスピードや責任感を大切に考え、その価値観を優先し行動しているとき、「部下の育成」という目的が頭から消えています。レベル4の「内面のリフレクション」で自己の内面を客観視することで初めて、この状況を変えることができます。

自己の内面を客観視すると、実際に何が見えてくるのかを、事例を通して見てみましょう。

## プレイヤーとしての成功体験のリフレクション

**意見** 仕事は質とスピードが命。責任感を持ち仕事をすることで評価されてきた。

**経験** 与えられた仕事では、常に、期待通りの成果を出すことに努めてきた。質の高い仕事を効率よく行えるように、心掛けてきた。上司や同僚からも、○○さんに任せておけば安心と言われる。

**感　情**　嬉しい

**価値観**　責任感、仕事の質とスピード

プレイヤーとしての過去の成功体験により形成された大切な価値観が、現在の行動を支えていることがわかります。

### 部下育成の経験のリフレクション

**意　見**　自分がやったほうが早い。求められるスピードに答えることで責任を全うできる。

**経　験**　部下に指導しても育たない。指導しても、期待する仕事のレベルに到達しない。前回教えたことを、何度も聞いてくる。指導の時間を費やしたが、結局時間切れで、最後は私が引き取ってしまった。指導する時間が無駄だった。

**感　情**　残念

**価値観**　責任感、仕事の質とスピード

指導しても、なかなか部下が育たない残念な経験が、育成をあきらめてしまう理由になっていることがわかります。

部下を育てることが大事だとわかっているのに、自分で仕事を引き取ってしまう背景には、仕事に対する責任感や仕事の質とスピードを大事にする気持ちがあります。

責任感も、仕事の質とスピードも、とても大切なことです。一方で、プレイヤーではなく、リーダーとして部下を育成することが期待されるのであれば、次のステージに行くために、部下育成に挑戦する必要があります。

ステージが変わるときや、未知の世界に足を踏み入れたときに、過去の成功体験が通用しなくなるというのは、誰もが直面する課題です。この事例でも、これまでの自分をつくり上げてきた責任感や仕事の質とスピードへのこだわりが、人材育成に向かう上で障壁となっています。しかし、自分の内面をメタ認知し、今自分は何を優先させていくべきなのか、見極めなければなりません。

経験学習のレベル4の「内面のリフレクション」を行う最大のメリットは、**現在の課題を生み出している自分の思考に気づくことです。**その思考の前提には、過去の経験によってつくられた「こうすればうまくいく」という成功体験による思い込みがあります。

内面のリフレクションに慣れてくると、すべての行動には、ポジティブな理由があることがわかります。結果がどうであれ、取り組むときには、「こうすればうまくいく」という仮説が存在します。しかし、先ほどの人材育成の事例のように、その仮説は、過去の成功体験に基づくもので、未来の成功を保証するものではありません。

内面のリフレクションを行って自分の思考を変えることで、課題が再定義され、取るべきアクションが明らかになります。

私たちの脳には、経験から学び、学びを活かすメカニズムが埋め込まれています。この学習機能は、私たちを危険から守ってくれる大切なものなので、すべてのことに関して前提を疑う必要はありません。**内面のリフレクションは、これまでのやり方が通用しないときや、何かに行き詰まりを感じたときに必要なものです。**

## 実践　経験から学ぶリフレクション

それでは、実際にどのように経験を振り返っていくのか、「経験から学ぶリフレクション」の手順を紹介します。このリフレクションの目的は、経験から学んだことを明らかにすること、そしてその学びをどう活かしていくか計画することです。これらを意識をすることで学びは大きくなります。

### ステップ1：計画の振り返り

**計画**　どのような計画を持っていましたか？

**仮説**　どのような仮説を持っていましたか？

**仮説の前提**　その仮説の前提には、どのような経験、感情、価値観がありますか？

仮説を明確にすることで、レベル4の「内面のリフレクション」の質が高まります。

## ステップ2：想定していた結果と実際の結果

**想定した結果**　想定していた結果は何ですか？

**実際の結果**　実際の結果は何ですか？

ステップ1と2では、振り返りの目的を明確にします。振り返りの目的は、現状とありたい姿のギャップを埋めることです。このため、想定していた結果と実際の結果のギャップを明確にすることが、リフレクションのスタートです。

## ステップ3：経験の振り返り

**経験**　どのような経験でしたか？

**経験の分析**　うまくいったこと、うまくいかなかったことは何ですか？

**感情**　その経験にはどのような感情が紐づいていますか？

ここでは、経験を具体的に思い出すことがポイントです。

経験をどのように意味づけているのかを明確にすることで、経験からの学びがより豊かなものになります。

## ステップ4：経験からの学び

うまくいった場合

**理由**　なぜうまくいったのだと思いますか？

うまくいかなかった場合

**理由**　経験の前に戻れるとしたら、何を変えますか？

ステップ4では、経験から何を学んだのかを明らかにします。

うまくいった場合にも、その理由を言語化することで、再現可能な成功の法則を持つことができます。うまくいかなかったことについては、「経験の前に戻れるとしたら、何を変えますか」と自問することで、すでに気づいている「こうすればよかった」などの学びを引き出すことができます。

## ステップ5：法則の定義

**法則** リフレクションから明らかになったことは何ですか？ この経験を経て、持論はどのようにアップデートされましたか？ 法則を定義してみましょう。

ステップ4までの答えを読み直すことで、自分が経験をどのように意味づけ、経験から何を学んだのかを俯瞰することができます。私たちの認知は、経験のある部分を選択し、特定の事柄に焦点を当て、そこに学びの種を見出します。

また、同じ経験でも、その意味づけは人によって異なりますから、他者との対話を通して経験をより多面的に振り返ることで、多くの気づきを得ることが可能になります。

## ステップ6：行動計画

**行動計画**　学んだことを、どのように次の行動に活かしますか？

学びが明らかになったら、次のアクションにどう活かすかを計画しましょう。これで、経験から学ぶリフレクションのひとつのサイクルが完了します。

## ステップ7：疑問

**疑問点**　現段階で、学べていない、疑問に思うことはありますか？

疑問を明らかにすることで、これからの経験で答えを見つける確率が上がります。

ここまで、7つのステップを通して「経験から学ぶリフレクション」を説明しました。ぜひ、重要な取り組みや出来事など、丁寧に振り返りたいときに活用してください。日々のリフレクションには94ページの簡易版を使用してもかまいません。

## WORK 経験から学ぶリフレクション

事例では、部下との 1on1 を振り返ります。キャリアビジョンの形成をテーマに1 on1 実施しました。主体性もあり有能な部下なので、すでにぼんやりとしたものでも、部下の中にキャリアビジョンがあるだろうと考え、面談に臨んだのですが……。

### STEP 1 計画の振り返り

| | | |
|---|---|---|
| 計画 | | **どのような計画を持っていましたか?**<br>オープンクエスチョンで、彼が内に秘めている<br>キャリアビジョンを引き出す。 |
| 計画の仮説 | 仮説（意見） | **どのような仮説を持っていましたか?**<br>ぼんやりとしたものでも、何かしらのキャリアビジョンを<br>部下が持っている。 |
| 計画の仮説 | 仮説の前提（経験） | **その意見（仮説）の前提となる過去の経験（知っていることも含む）は何ですか?**<br>昔、まだ、自分もキャリアビジョンを<br>言語化できていなかったときに、<br>メンターになってもらった先輩の質問に答えることで、<br>ビジョンがクリアになった経験がある。 |
| 計画の仮説 | 仮説の前提（感情） | **その経験には、どのような感情が紐づいていますか?**<br>うれしかった。 |
| 計画の仮説 | 仮説の前提（価値観） | **そこから見えてくるあなたが大切にしている価値観は何ですか?**<br>ビジョンは質問によって引き出せる。 |

## STEP 2 想定していた結果と実際の結果

| 想定していた結果は何ですか? | ⟺ | 実際の結果は何ですか? |
|---|---|---|
| 部下が動機の源を生かしたキャリアビジョンを形成する支援を行う。 | | キャリアビジョンの形成に至らなかった。 |

## STEP 3 経験の振り返り

| 経験の振り返り | |
|---|---|
| | **どのような経験でしたか?**<br>オープンクエスチョンで質問を繰り返し、内に秘めているキャリアビジョンを引き出そうとした。1時間の対話を経て、優秀な部下は、目の前の業務には真摯に取り組むものの、自分のキャリアビジョンについては、特に考えていないことがわかった。 |
| | **うまくいったことは何ですか?**<br>現在の仕事にやりがいを感じながら取り組んでいることがわかった。キャリアビジョンを持てていないことを不安には感じていないことがわかった。今の仕事に満足していて、仕事を通して成長している実感を持っていることもわかった。 |
| | **うまくいかなかったことは何ですか?**<br>部下が、キャリアビジョンについて考える習慣をもっていないことがわかった。 |
| | **その経験にはどのような感情が紐づいていますか?**<br>驚き、嬉しい |

## STEP 4 経験からの学び

| 理由 | **（うまくいった場合）なぜうまくいったのだと思いますか？<br>（うまくいかなかった場合）経験前に戻れるとしたら、<br>何を変えますか？**<br><br>**（うまく行かなかった場合）**<br>キャリアビジョンを形成することの意義や他者のキャリアビジョンの事例などを説明することから始めればよかった。 |
|---|---|

## STEP 5 法則の定義

| 法則 | **リフレクションから明らかになったことは何ですか？<br>法則を再定義してみましょう。**<br>優秀な部下でも、キャリアビジョンを持っているとは限らない。<br>誰もが自分と同じように自分のキャリア開発にオーナーシップを持ちたいと考えている訳ではない。<br>キャリアビジョンを形成することの意味や意義、具体的なアクションを知らない人もいる。 |
|---|---|

## STEP 6 行動計画

| 行動計画 | **学んだことを、どのように次の行動に活かしますか？**<br>キャリアビジョンを形成する意味や意義、具体的なアクションを分かりやすく説明するプレゼン資料を作成する。 |
|---|---|

## STEP 7 疑問

| 疑問点 | **現段階で、学べていない、疑問に思うことは何ですか？**<br>キャリアビジョンは、どのように人の心の中に形成されていくのだろうか。そのために必要な経験などがあるのか。 |
|---|---|

## WORK 経験から学ぶリフレクション 簡易版

| 想定していた結果は何ですか? | | 実際の結果は何ですか? |
|---|---|---|
| 自己紹介で、<br>好印象を持ってもらう。 | ⇔ | 準備していた自己紹介を伝えることができたので、好印象は持ってもらえたと思う。少し緊張してしまい、本来の「愉快な自分」を印象付けられなかったかもしれない。 |

| | | |
|---|---|---|
| 計画 | 計画 | **どのような計画を立てましたか?**<br>オンラインでの自己紹介なので、パワーポイントを準備し、発表の練習をして本番に臨む。 |
| | 仮説 | **計画の前提にある仮説(判断基準)は何ですか?**<br>パワーポイントを使うと、口頭だけよりもたくさんの情報を伝えられる。練習をすることで、スムーズに話せる。 |
| 経験 | 経験 | **どのような経験でしたか?うまくいったこと、うまくいかなかったことは何ですか?**<br>練習の成果もあり、スムーズに語ることができた。<br>少し緊張してしまい、硬い話し方になってしまった。 |
| | 感情 | **その経験には、どのような感情が紐づいていますか?**<br>(プレゼン中)どきどき　(終了後)ほっとした<br>(その後)ちょっと残念 |
| 学び | 経験からの学び | **(うまくいった場合)なぜうまくいったのだと思いますか?**<br>**(うまくいかなかった場合)経験前に戻れるとしたら、何を変えますか?**<br>○練習の成果があり、スムーズに語れた。<br>△緊張すると硬い話し方になることを計算に入れ、普段のような「面白さ」をあらかじめプレゼンに盛り込んでおけばよかった。 |
| | 法則の定義 | **リフレクションから明らかになったことは何ですか?**<br>自己紹介では、情報共有のみならず、自分らしさを伝えることも大切。<br>まじめな自己紹介の中でも、愉快な自分をどう表現するかを工夫することが大事。 |
| | 行動計画 | **学んだことを、どのように次の行動に活かしますか?**<br>まじめな自己紹介の中で、愉快な自分を表現する方法を考える。 |

経験から学ぶリフレクションは、一人でやるよりも、仲間と実施するほうが、学びが大きくなります。

経験という膨大な情報の中から、何をリフレクションするのか、経験をどう意味づけるのかは、一人ひとり異なります。経験の認知には、すでに偏見が存在しているのです。経験から学ぶリフレクションを仲間と一緒に行うと、自分が何に意識を向けていて、何を見ようとしていないのか、簡単に気づくことができます。仲間と学びを共有し、自分一人では気づけない学びを手に入れましょう。

**ポイント**

○過去を反省するのではなく、リフレクションで経験を知恵に変える。

○経験から普遍的な法則を見出し、持論をアップデートする。

○経験を意味づけ、学びを選択しているのは自分の認知（知覚と判断）であることを自覚し、大切な経験の振り返りでは、他者の支援を求める。

# 多様な世界から学ぶ

ここからは、「対話」という学び方を紹介します。対話は、コミュニケーションの手段と捉えられがちですが、実は、**私たちの学びを支える土台となる力**です。

私たちの認知は、物事のある側面しか見ることができず、そのため私たちの判断は限られた経験や知識に依存しています。視野を広げてより深く物事を考え、アンラーンする(学んだことを手放す)ためにも、対話という学び方が必要になります。

対話とは、**自己を内省(リフレクション)し、評価判断を保留にして、他者と共感する聴き方と話し方**です。このため、リフレクションができない人は、対話をすることができません。

対話には、3つのステップがあります。

- ステップ1　自分の考えを認知の4点セットでリフレクションする
- ステップ2　感情をコントロールし、評価判断を保留にする
- ステップ3　相手の意見を認知の4点セットで聴き取り、共感する

この対話のステップを、同じ意見を持つ人とだけでなく、違う意見を持つ人や、まったく共感できない意見を持つ人とも、行えることが大切です。

対話を通して、思考を深める、多面的・多角的に物事を眺めてみるというのは、学びの基本動作です。常に先生が正解を持っていて、「正解はひとつである」という学校教育が染みついてしまっている私たちには、対話は無駄な時間のように思えるかもしれません。しかし、一人の人間が、すでに知っている知識やものの見方で答えが出せるほど簡単な時代ではありません。対話は正解のない課題に答えを見つける手段でもあります。

アメリカのアイビーリーグの大学に留学したある学生が、日本の大学では経験したことのない学びの体験について、次のように話してくれました。

ある授業で、ノーベル賞を受賞した物理学の教授に、一人の学生が、「あなたの考えは甘い」という発言をしたところ、その教授は、自分の考えにチャレンジする学生を歓迎し、「なぜ、そう思うのか」とその学生の意見を尋ねました。教授と学生の対話が始まると、そこに他の学生も参戦し、その授業はとても深い対話の場に発展したそうです。一人の学生の刺激的な発言が、教授を本気にさせ、さらに、学生たちの思考を刺激していく……。これこそ対話の醍醐味です。

対話は、自分の内面を客観視するリフレクションの機会であり、自分の境界線の外にある世界から学ぶ機会でもあります。新しいものの見方を知ることは、思考の柔軟性と創造性を高めるためにも重要な役割を果たします。

# 認知の4点セットを活用した対話

一般的に、会議などで意見を述べるときには、「自分の意見がいかに正しいのか」ということに焦点を当てることが多いでしょう。説明が理路整然としていて、反論が出ないのが理想です。ゴールは、自分の考えに全員が賛同することです。

一方、**対話では、一人のものの見方ではなく、多様な視点を取り入れるほうが、意見がより洗練されると考えます。**多様な判断基準を可視化し、意見の質を高めることを目指します。このため、対話では、意見の背景にある判断基準やものの見方に目を向けます。

その前提には、自分の意見を通すことではなく、自分の意見を題材に、対話を通して相互に学び、最良の答えを見出すことに価値を置く姿勢があります。会議で対話を行うことができれば、会議は集合知を活かし、最良の答えを共に創造する場になります。

対話では、自分の考えに固執せず、評価判断を保留にする必要があります。評価判断を保留にすることで、初めて、自分の枠の外に出ることができるからです。まったく賛成できない意見を持つ人の世界を、評価判断を保留にして傾聴することは、対話の作法です。

傾聴しても、相手の意見に賛成する必要はありません。しかし、相手の考えに共感する必要はあります。そこで、認知の4点セットが役立ちます。32ページで行ったように、自分の意見を認知の4点セットを使ってリフレクションする方法を、そのまま相手の意見に当てはめればよいだけです。

まったく賛成できない意見でも、次の3つの観点で聴き取ることができれば、共感することができます。

- 相手には、どのような経験があるのでしょうか？
- どのような感情がその意見に紐づいているのでしょうか？
- 相手は何を大切にしているから、その意見に固執しているのでしょうか？

直接、質問できるのであれば、尋ねてみてください。もし、それがかなわないようなら、相手の話を聴きながら、想像してみてください。どのような意見にも、その背景には、必ず、経験、感情、価値観が存在します。

対話を実践することで、自分の境界線の外には、どのような経験やものの見方があるのかを知ることができます。自分の内面についてのリフレクションだけをやっていても、自分の枠を広げることはできません。**リフレクションと対話の2つを実践することで、自分の境界線の外にある学びを、自分のものにすることが可能になります。**

相手の考えの背景を4点セットで理解する習慣を持つと、意見に反対する人は、こちらの意見そのものに反対しているのではなく、「その人が大事にしている価値観を守ろうとしている」ということがわかります。このため、反対の意見に遭遇しても、不快な気持ちになることが少なくなります。

対話の習慣は、人との対話以外にも応用することができます。時代の変化やニュースなどについても、驚きや違和感を覚えたときには、自分の知らない世界がそこにあるということです。

図1-12　認知の4点セットを活用した対話

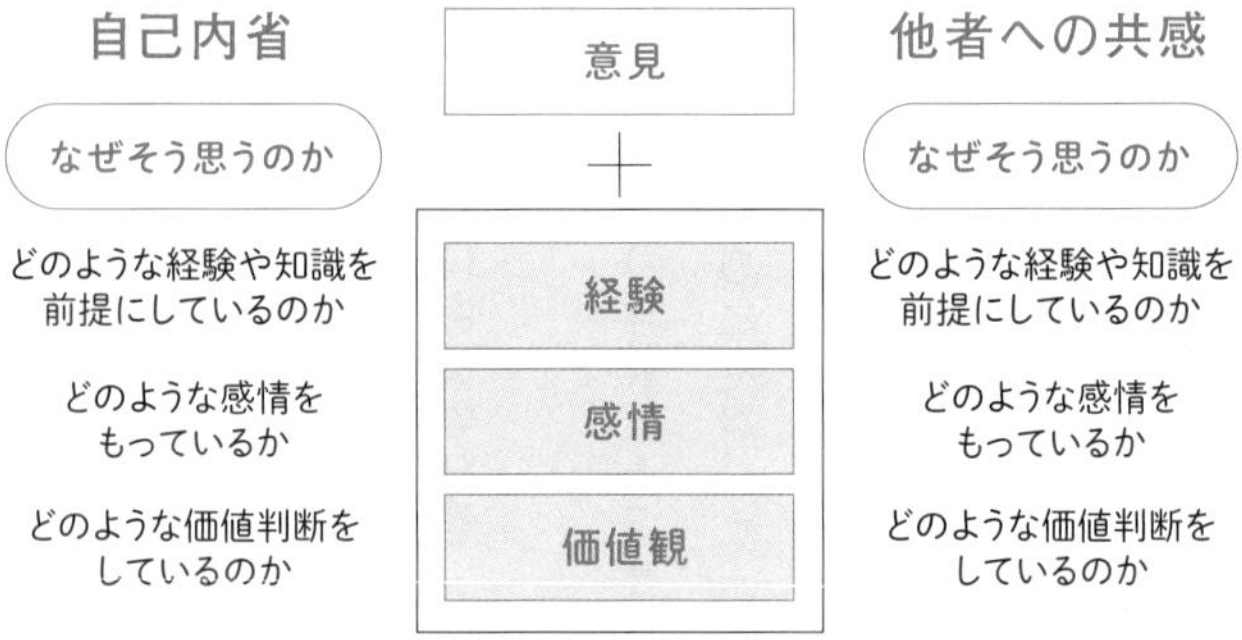
自己内省
意見
他者への共感
なぜそう思うのか
なぜそう思うのか
どのような経験や知識を前提にしているのか
経験
どのような経験や知識を前提にしているのか
どのような感情をもっているか
感情
どのような感情をもっているか
どのような価値判断をしているのか
価値観
どのような価値判断をしているのか

POINT

認知の4点セットを使って
相手の意見を聴き取りましょう

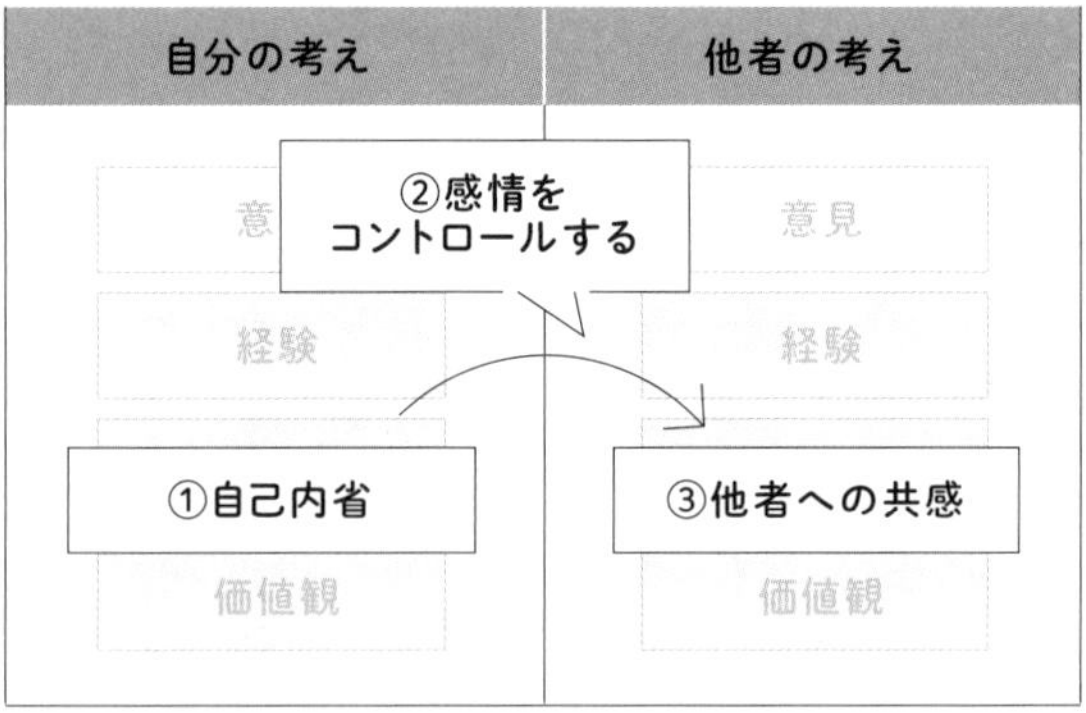
自分の考え
他者の考え
②感情を
コントロールする
意見
経験
経験
①自己内省
③他者への共感
価値観
価値観

POINT

異なる意見を持つ相手にも共感することで、
自分の境界線の外から学ぶことができます

なぜ驚きや違和感を覚えたのかをリフレクションしてみましょう。

自分の知らない世界にはどのような経験や価値観が存在するのか、意識的に探求する習慣を持つことで、自分の世界を広げていくことができるのです。

ポイント

○ 対話を自己の内面と向き合う機会と捉え、対話の中でも、認知の4点セットでリフレクションする習慣を持つ。

○ 他者の意見を聴くときには、感情をコントロールし、評価判断を保留にする。

○ 他者の意見を聴くときには、自分の解釈を加えず（自分の経験と価値観を当てはめず）、相手の認知の4点セットを聴き取る。

○ 対話を通して、多様な世界から学び、自分の世界を広げる。

# アンラーンする

**「アンラーン（Unlearn）」**とは学びを意味するラーンに逆の動作を表すアンがついた言葉で、過去の学び（成功体験）を手放す行為です。

対話によって自分以外の人の意見も俯瞰できるようになったら、自分の殻を破るアンラーンを身につけましょう。ここでは、経験を通して学んだことを手放すためにリフレクションを活用します。

時代の変化とともに古くなるのは、知識だけではありません。自らの意思と選択によって、前向きに自分のマインドセットを変えることができる人だけが、幸せな人生とキャリアの成功を手に入れることができます。

図1-13 アンラーンのためのリフレクション

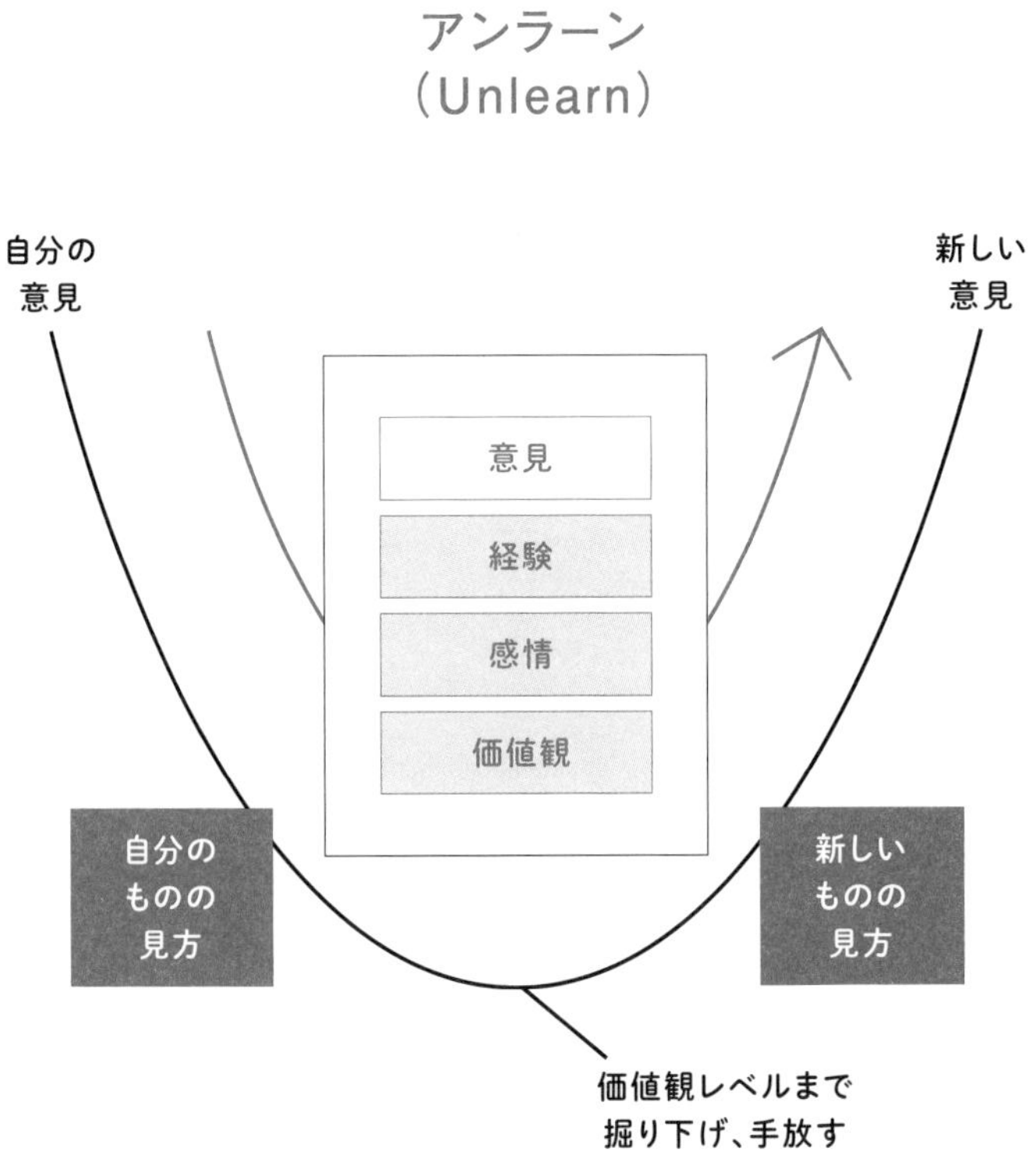


POINT

■自分の枠が前進の障害となるとき、
自分の経験に基づくものの見方を手放す
アンラーンの力が必要になります

■メタ認知力を高めることで、過去の成功体験に
基づくものの見方を、簡単に手放せるようになります

アンラーンは、新しい価値を創造するためにも役立ちます。柔軟な思考を持つ人は、自分の常識を横に置き、違う枠組みや前提で物事を捉え直すことができます。

アンラーンのためのリフレクションの目的は、前提となるものの見方を変えることです。この認識を持ち、読み進めてください。

## 行き詰まったら、アンラーンする

アンラーンのためのリフレクションは、これまでのやり方やものの見方が通用しないときに行うものです。

これまでうまくいったやり方に頼っていても、なんだかうまくいかないと感じるときや、環境に大きな変化があり、明らかにこれまでのアプローチが通用しないときには、アンラーンのためのリフレクションが役立ちます。

目的に向かって懸命にチャレンジしているとき、あなたのクリエイティブテンションが、アンラーンのタイミングを教えてくれるはずです。「その時」がくると、このままでいいのかと疑問を抱いたり、何かを変えなければうまくいかないのではないかと心配になったり、何かしらの違和感を感じるはずです。

また、いつアンラーンする必要があるのかを知るために大切なことは、動機の源につながるビジョンを持つことです（54ページ）。現状とありたい姿を埋めたいという強い思い（クリエイティブテンション）があれば、現状の延長線に明るい未来がないことに気づくことができます。

明確なゴールを持ちチャレンジしている人は、これまでのやり方が通用しないことに、気づくことができるものです。しかし多くの場合、その状況を打破するために、行動を改善するという戦略を選びます。たとえば、50件営業をしてもうまくいかなくなったら80件営業する、という具合に、行動計画を見直します。

けれども、自分の内面に課題があると考える人は、多くありません。たとえば、営業先で伝える内容が、顧客のニーズの変化に適応していないとすれば、営業件数をいくら増やしても、得たい成果を手に入れることはできません。

このように物事に行き詰まったときは、自分の外に答えを探す前に、自分の内面をリフレクションすることを忘れないことです。違うやり方を試す前に、**自分のものの見方に問題がないかを点検しましょう。**アンラーンのためのリフレクションは、あなたの成長を力強く支えてくれるはずです。

## アンラーンで新しい世界を「自分ごと化」する

アンラーンでは、アンラーンした先の世界に生きる人たちの様子を想像してみたり、実際に彼らの経験談を聴き、**その世界を追体験してみる**ことが大切です。

このステップが重要なのは、アンラーンは、新しいアイディアを、「ねばならない」から と無理やり受け入れるのではないからです。アンラーンを成功させるためには、新しいものの見方を心から受け入れるために、**そのものの見方に紐づくポジティブな経験と感情を確立する**必要があります。

「ねばならない」からという理由で、簡単に考えを変えても、本当の意味では納得していないので、いざ実践しようとしても、過去の成功体験に基づく思考に戻ってしまい、一貫性を持たせることができません。

また、アンラーンした世界が、価値観レベルで腑に落ちていないと、いつの間にか、過去の成功体験に紐づく価値判断をしてしまう可能性があります。

アンラーンでは、新しい世界を自分ごと化し、あらゆる判断においても、その世界と一貫性のあるものの見方を持てることが、そのゴールです。次々と押し寄せる変化に対して、受け身で流されつづけるなんて、おもしろくないと思いませんか？

アンラーンのためのリフレクションを実践すれば、価値観レベルで変化を理解し、納得した上で、アンラーンすることができます。その結果、受け身ではなく、能動的に変化に適応することが可能になります。

# 実践　アンラーンのためのリフレクション　簡易版

ここからは、アンラーンのためのリフレクション実践法を2つ紹介します。このリフレクションは、難易度が高いので、簡易版を説明した後、完全版として「自己変容のためのリフレクション」を紹介します。

「アンラーンのためのリフレクション　簡易版」は、次の3つのステップで行います。

■ ステップ1　過去の成功体験のリフレクション
■ ステップ2　アンラーンの先にある世界を想像してみる
■ ステップ3　アンラーンする

図1-14 アンラーンのスキル　対話的思考

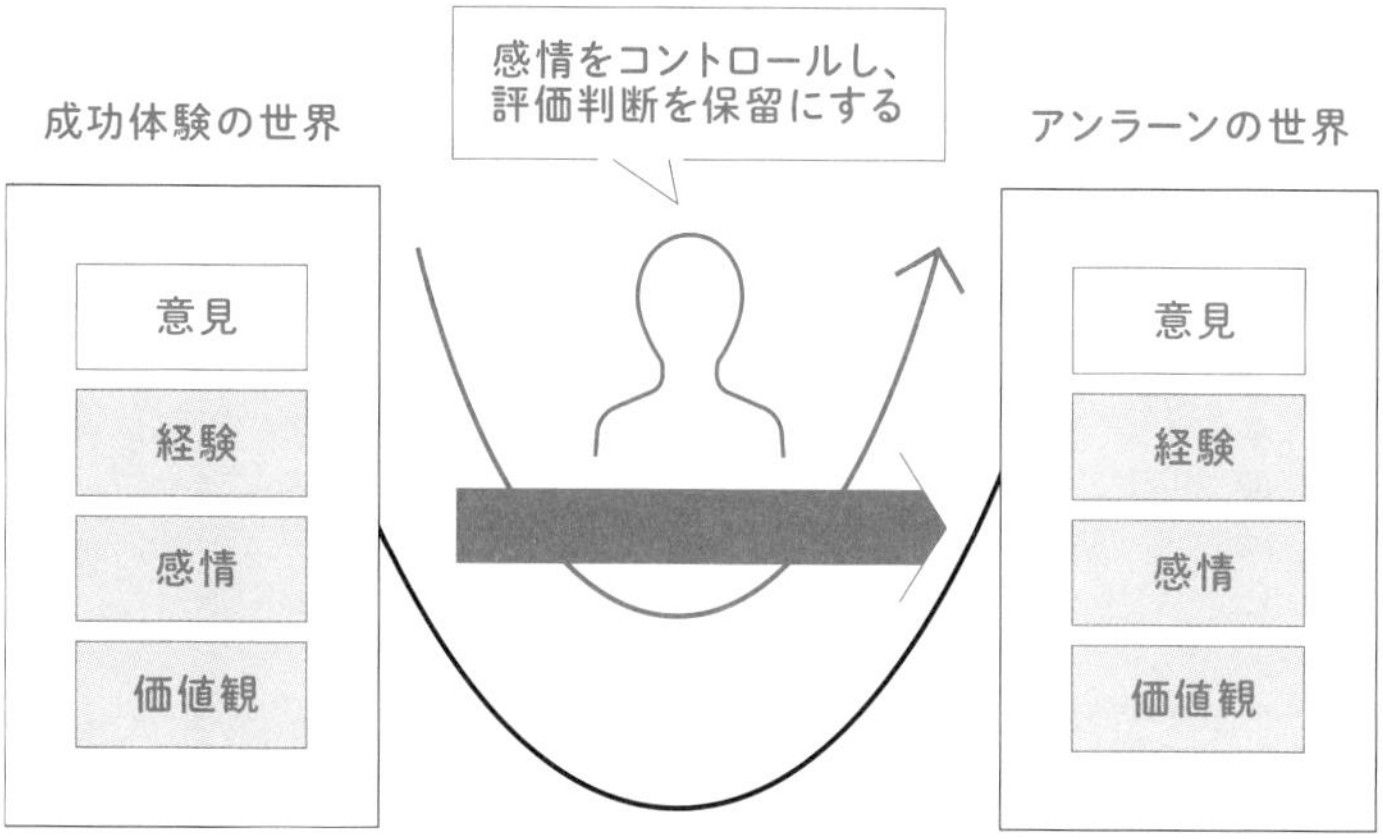


POINT

■アンラーンを成功させるためには、
3つのステップが必要です

ステップ1：過去の成功体験をリフレクションする
ステップ2：アンラーンの先にある世界を想像してみる
ステップ3：アンラーンする

■ステップ2に進む前に、感情をコントロールし、
評価判断を保留にすることがポイントです

## ステップ1　過去の成功体験のリフレクション

**過去の振り返り**　過去の成功体験を振り返りましょう。

**価値観**　過去の経験によって形成されたものの見方や判断基準（価値観）は何ですか？

**感情**　成功体験に紐づく感情は何ですか？

ステップ1では、過去の成功体験と、そこから形成されたものの見方が、どのような感情と紐づいているかを知ることが重要です。

前にもお伝えしましたが、アンラーンが難しい理由は、ものの見方を手放すことではなく、実は、**ものの見方に紐づく感情を手放すことにあります。**このため、成功体験で味わった感情をしっかりとリフレクションし、自分が何を手放したくないのかを、論理的にではなく、感情レベルで理解し尽くすことがポイントです。

多くの人は、このステップを飛ばして、「ねばならない」という理由でアンラーンを実行に移します。しかし、過去の成功体験を手放さないまま、意見だけを変えても、新しいものの見方を本当に自分のものにすることはできません。

過去の成功体験により形成されたものの見方を手放すためには、自分自身が過去の成功体験をどのように意味づけているのかを、理解する必要があります。

**「過去の成功体験と、その経験によって形成されたものの見方は、これまでの自分を支えていた大切なものであった」**ことを認め、賞賛を与えてください。

この時点では、まだ過去の成功体験と別れを告げる必要はありません。もう少し、これまでの自分と一緒にいてください。

## WORK アンラーンのためのリフレクション

Aさんは、強いリーダーシップと包容力で、組織をけん引する有能なマネージャーです。Aさんはリーダーシップの手腕が評価され、新たにDX新規事業開発チームに配属されました。イノベーションを期待されているチームでは、トップダウン的なマネジメントではなく、フラットでオープンな組織風土を実現する必要があります。これまでのやり方では、うまくいかないことには頭ではわかるのですが……。

### STEP 1 過去の成功体験のリフレクション

| | |
|---|---|
| 過去の振り返り | **過去の成功体験を振り返りましょう。**<br>学生時代に取り組んでいた部活では上下関係は当たり前で、低学年のときには強い先輩が憧れだった。いつか自分も先輩のようになりたいと一生懸命練習した。だから自分も成長することができた。自分が高学年になったときには、後輩の憧れになるように気合をいれて頑張った。上下関係には尊敬する・される関係性があり、それがとても大事だと思う。<br>コーチも先輩も厳しかったが、そのおかげで今の自分がいると思う。最後まであきらめない強い精神力や、できるようになるまで努力を続ける習慣は、仕事の上でも役立っている。辛いと思うこともあったが、みんなと一緒だったので頑張ることができた。<br>社会人になっても、この部活での経験を、組織マネジメントに活かしてきた。新人の頃は先輩の背中に学び、一日も早く先輩のようになれるよう頑張った。年次が上がり、マネージャーになったときには、部下に背中が見せられるよう頑張った。チームメンバーも僕を信頼してついてきてくれたと思う。 |
| 価値観 | **過去の経験によって形成されたものの見方や判断基準は何ですか?**<br>先輩は憧れの存在、先輩を尊敬する、先輩に信頼される<br>後輩は、先輩を目指し、成長する<br>一致団結した組織、規律や文化のある組織<br>信頼とつながりのある人間関係 |
| 感情 | **成功体験に紐づく感情は何ですか?**<br>(憧れの先輩がいることは)嬉しい・誇り<br>(先輩を目標に頑張れたので)苦しい、喜び<br>(仲間と一緒に切磋琢磨することは)喜び<br>(部活のおかげで成長したことは)嬉しい、誇り、自信 |

## ステップ2　アンラーンの先にある世界を想像してみる

### インタビュー

アンラーンした先にある世界を想像 or その世界に生きる人にインタビューしてみましょう。

### 認知の4点セット

インタビューで明らかになったことをリフレクションしましょう。

この時点でも、まだ、過去の成功体験によって形成されたものの見方を手放す必要はありません。評価判断を保留にして、自分の境界線の外にある世界を、想像して俯瞰することがポイントです。一人では想像できないと思ったら、その世界に生きる人の経験談を聴いてみましょう。**想像する力も、重要なアンラーンのためのスキルのひとつです。ぜひ、他者の経験談を追体験してみてください。**

### STEP 2 アンラーンの先にある世界を想像してみる

Aさんは、自分ひとりでフラットな組織を想像することが難しかったので、社内でアジャイル開発を導入しているチームメンバーに話を聞くことにしました。

| | |
|---|---|
| インタビュー | **アジャイル開発を導入しているチームメンバーの経験談**<br>アジャイル開発が導入されると、8人のチームメンバーは、<br>一緒に計画づくりに参加した。1日・1週間・1ヵ月のサイクルで、<br>一緒にアクションと成果を振り返りながら開発を進めていく。<br>目的に合わせて計画を立てているので、自分の役割貢献を<br>チェックできるのもアジャイル開発の特徴だ。自分で振り返り、<br>必要な軌道修正を提案することができる。<br><br>メンバーがそれぞれの使命を果たすために主体性を発揮するのが、<br>フラットな組織の魅力だ。上下関係という規律ではなく、<br>「お互いに守るべき約束」として規律がチームに存在する。<br>無法地帯という訳ではない。<br><br>チームメンバーは全員、他者からの信頼を得ているし、<br>お互いの存在を尊重しているのではないかと思う。<br>皆イキイキと仕事をしている実感がある。 |
| インタビューから明らかになったこと | インタビューを通して、フラットな組織にも<br>数々の魅力があることがわかった。<br>まず、メンバーの主体性は間違いなく高まりそうだ。<br>自己管理を前提とし、全員が主体的に<br>軌道修正の提案が出せるというのは、<br>これまで経験したことのないチームの姿だ。<br><br>フラットな組織を無法地帯にするか否かは、<br>リーダーである自分が決めることもよくわかった。<br>枠組みをしっかりと整え、チームメンバー全員で<br>目的と使命を共有すれば、自分にもできそうだ。<br>これまでのやり方と違う所は、枠組みをしっかりと提示することと、<br>一緒に計画や振り返りを行うこと。<br>自分で何もかも決めないことではないかと思う。 |

**インタビューをしたあとのリフレクション**
インタビューから明らかになったことを認知の4点セットで整理してみましょう。

| | |
|---|---|
| 意見 | 上下関係を大事にする組織から、<br>フラットな組織に移行することに抵抗があったが、<br>インタビューを通して、この2つの組織には、<br>共通点が多くあることに気づいた。フラットな組織で、<br>良い成果を出すことができそうな気がしてきた。<br>各自の主体性が高まり、成長にもつながりそうだ。<br>組織の秩序も保てるし、<br>人間関係が希薄になるという訳でもない。<br>お互いの尊敬も維持できそうだ。 |
| 経験 | 前述のインタビューで聴いたこと。(116ページ) |
| 感情 | (初めてのことなので)少し怖い<br>(期待もできそうなので)わくわく |
| 価値観 | 規律、責任、成長、主体性、人間関係、信頼と尊重 |

## STEP 3 アンラーンする

| | |
|---|---|
| アンラーン | **ステップ1と2を経て、何が明らかになりましたか?<br>あなたは何をアンラーンしますか?**<br><br>フラットな組織に移行しても、自分が過去の成功体験で築き上げた<br>自信や誇りを手放す必要はないことが明らかになった。<br>また、フラットな組織にすることで、規律や責任、<br>信頼と尊重を大事にする人間関係が失われるのではないか<br>というものの見方は手放す必要がある。<br>その上で、指示命令で人を動かすという<br>行動様式を手放すことができれば、アンラーンは完了する。 |

## ステップ3　アンラーンする

**学び**　ステップ1と2を経て、何が明らかになりましたか？

**アンラーン**　あなたは何をアンラーンしますか？

ステップ2で自分の境界線の外にある世界を想像し俯瞰した段階で、すでにアンラーンは始まっています。ステップ3では、何をアンラーンしたのか、何が新しいものの見方なのかをしっかりと言語化しましょう。

# 実践　自己変容のためのリフレクション　完全版

次は、自己変容のためのリフレクションを紹介します。成人発達理論の専門家ロバート・キーガンが、その著書『なぜ人と組織は変われないのか　―ハーバード流　自己変革の理論と実践』（英治出版刊）で紹介している「免疫マップ」という自己変革のアプローチを参考に開発したリフレクションです。

ロバート・キーガンは、人が変われない背景に、強固な固定観念が存在すると言います。みなさんも、変わりたいと思っているのに、なぜか変われないという経験があると思います。そんなときには、「変わりたいという理由」とともに、「変わらないほうがいい自分なりの理由」が存在します。この両方を同時にリフレクションすることで、望む変化を実現するのが、自己変容のためのリフレクションです。

このリフレクションは、5つのステップで行います。

120ページからの事例と合わせて、ステップの意味と目的を確認しましょう。

## ステップ1：改善目標のテーマを選ぶ

**意見**　改善目標のテーマは何ですか？

**経験**　改善目標について、どのような経験がありますか？

**感情**　その経験にはどのような感情が紐づいていますか？

**価値観**　そこから見えてくる、あなたが大切にしている価値観は何ですか？

## WORK 自己変容のためのリフレクション

事例では、「変化を拒む人に対する自分のものの見方の改善」に取り組みます。

### STEP 1 改善目標のテーマを選ぶ

| | |
|---|---|
| 改善目標のテーマ（意見） | **改善目標のテーマは何ですか？**<br>変わることにネガティブな人にも、<br>変わることの大切さを、<br>変わろうとしている人と同じ温度感で話せるようになる。<br>変わることにネガティブな人とは、<br>変わる必要性を認識していない、<br>または、これまで通りでよいと思っている（ように見える）人で、<br>役員や部長など、ポジションが上の人に多い。 |
| 経験 | **改善目標について、どのような経験がありますか？**<br>彼らが変わるとは思えず、また、変わる重要性を受け入れるとも<br>思えないので、彼らに話をしなくてはいけないときは、<br>エネルギーが下がり、歯切れが悪くなる。<br>彼らの気持ちもわかるので、<br>彼らが変わらないことを受け入れてしまう自分がいる。<br><br>「変わらなければ、未来はもっと悪くなるのに……」<br>という心配を抱きながら会議を終えるので、<br>ネガティブな感情とストレス、徒労感が残る。 |
| 感情 | **その経験には、どのような感情が紐づいていますか？**<br>残念、悲しい、怒り、重苦しさ、緊張、ストレス |
| 価値観 | **そこから見えてくる、あなたが大切にしている価値観は何ですか？**<br>よい変化、進化、学習、リーダーの責任 |

### ステップ2：改善目標を決めるために、改善前の行動と恐れの感情を洗い出す

**行動** 改善前の行動は、どのようなものですか？

**感情** 改善前の行動に紐づく恐れの感情は、どのようなものですか？

### ステップ3：感情の背景にある価値観を掘り下げる（強固な固定観念の探求）

**価値観** 何を大切にしているから、そのような感情になったのでしょうか？　感情に紐づく価値観を洗い出してみましょう。

**経験** その価値観はどのような経験によって形成されたのでしょうか？

**ポジティブな影響** その価値観が人生の助けになるのは、どのようなときですか？

**ネガティブな影響** その価値観が人生を難しくするのは、どのようなときですか？

## STEP 2 改善目標を決めるために、改善前の行動と恐れの感情を洗い出す

| | |
|---|---|
| 行動 | **改善前の行動は、どのようなものですか？**<br>言葉が弱くなる<br>ストレートな表現を避ける<br>緊張が走る<br>言葉数が減る<br>「むずかしいですよね」等と相手への共感を言葉にする<br>相手をわかってあげることを言葉にする<br>無力感を感じ、疲れる |
| 感情 | **改善前の行動に紐づく恐れの感情は、どのようなものですか？**<br>変えられない、結果を出せないことへの無力感<br>未来に対する絶望<br>機会損失が残念<br>相手を無責任だと思っていることがバレることへの恐れ<br>相手を尊敬できないことがバレることへの恐れ<br>可能性を信じられていない自分に嫌悪感<br>ネガティブな自分に嫌悪感 |

## STEP 3 感情の背景にある価値観を掘り下げる

| | |
|---|---|
| 価値観 | **何を大切にしているから、その感情になったのでしょうか？<br>感情に紐づく価値観を洗い出してみましょう。**<br>リーダーの使命<br>責任<br>変革の推進<br>よりよい未来への貢献<br>結果へのコミット<br>可能性を信じる<br>ポジティブさを大切にする |
| 経験 | **その価値観は、どのような経験によって<br>形成されたのでしょうか？**<br>生まれたときから、リーダーに囲まれて育った。家業を営んでおり、<br>オイルショックをはじめとする経営の危機は、家族全員が心を合わせ、<br>無事に乗り切れることを願った。<br><br>創業者は、一人一業という経営思想を貫いたが、時代の変化と共に<br>業態変容が迫られ、創業者が亡くなって後継者となった父は、<br>業態変容を実現するのにとても苦労した。「変わらないことは、<br>死を意味する」という強い信念はここで形成された。また、その頃、<br>ソニーの創業者盛田昭夫氏が、映画会社を買収し、<br>電子機器メーカーからコンテンツ事業会社に創業者自ら、<br>変容させていく様子を見て、強いあこがれを持った。 |
| ポジティブな影響 | **その価値観が人生の助けになるのは、どのようなときですか？**<br>結果を出す<br>推進力になる<br>変化を創る<br>責任を持つ<br>可能性を信じる<br>危機的な状況でもポジティブさを大切にする |
| ネガティブな影響 | **その価値観が人生を難しくするのは、どのようなときですか？**<br>天井があると、窮屈に感じる<br>停滞・停止を求められると存在理由がなくなる<br>結果を求められないと機能不全に陥る<br>未来や可能性を信じられないと気持ちが落ち込む<br>気持ちが落ち込むと、そのことが残念になる |

## ステップ4：自己変容のビジョンを明確にする

**改善目標の再定義**　自分自身の何を変えたいですか？

**ビジョン形成**　改善目標に取り組むと、どんなよいことがあるのでしょうか？
あなたは何を手に入れるために、自己変容にチャレンジするのですか？

## ステップ5：アクションプランを考える

**最初のステップ**　まず、何に取り組みますか？

**成功の評価軸**　最初のステップにおける成功の評価軸は何ですか？

**タイミング**　いつ、最初のステップのリフレクションを行いますか？

**最終ゴール**　どのような自己変容が起きることが、最終ゴールでしょうか？

## STEP 4 自己変容のビジョンを明確にする

| | |
|---|---|
| 改善目標の再定義 | **自分自身の何を変えたいですか?**<br>前向きでない(ように見える)相手の心の中にある可能性を見て、<br>その可能性に向けて、前向きな人に話すときと<br>同じくらいのエネルギー、トーン、歯切れで話せるようになる。<br><br>前向きでない(ように見える)人に、<br>エネルギーを奪われないようにする。 |
| ビジョン形成 | **改善目標に取り組むと、どんなよいことがあるのでしょうか?<br>あなたは何を手に入れるために、<br>自己変容にチャレンジするのですか?**<br>責任を果たすため。彼らを変えることを<br>私に託している人たちがいる。<br>また、会社や組織にとって、彼らが変化を推進する気持ちに<br>なってくれることは重要だ。 |

## STEP 5 アクションプランを考える

| | |
|---|---|
| 最初のステップ | **まず、何に取り組みますか?**<br>次回、このような場に遭遇したら、架空のものすごく前向きな人間を<br>具体的にイメージし、部屋に一人配置する。その人が、<br>いいね～と前のめりで聴いてくれているイメージを想像しながら、<br>話をするようにしてみる。 |
| 成功の評価軸 | **最初のステップにおける成功の評価軸は何ですか?**<br>一定のトーンとエネルギーで話し続けることができる。<br>相手を信じることができ、ポジティブな気持ちでいられる。 |
| タイミング | **いつ、最初のステップのリフレクションを行いますか?**<br>次の会議の後に実施する。 |
| 最終ゴール | **どのような自己変容が起きることが、最終ゴールでしょうか?**<br>彼らが変わることを心から信じることができる。<br>彼らにも、遠慮と諦めのないメッセージをストレスなく渡せる。 |

アンラーンは、キャリアを進めるにつれ、その重要性が増します。みなさんの周囲にも、過去の成功体験を手放せない人がいませんか。そうならないためにも、今から、リフレクションの習慣を持ち、思考の柔軟性を磨いておきましょう。

成長意欲や上昇志向が強く、掲げる目標が高い人、あるいは今までとは異なる規模のものにチャレンジしようとしている人は特に、自己変容の習慣が欠かせません。大抵の場合、ステージが変わるごとに過去の成功体験を手放し、新たなものの見方を手に入れることが必要になるはずです。

過去の成功体験を賞賛しつつ、前向きに自己変容に臨むことができる人だけが、成長し続けることができ、自分の望むものを手に入れることができます。

実際に、アンラーンを組織の文化にすることができるリーダーの存在が、期待されています。自身のアンラーンのスキルを磨くだけでなく、他者のアンラーンを支援していきましょう。

アンラーンの障壁は「恐れの感情」です。それを乗り越える成功体験を積むことができると、アンラーンのストレスは、明るい未来に向かう兆しであると捉えられるようになります。

## ポイント

◯何かに行き詰まったら、アンラーンするタイミングだと捉える。

◯アンラーンした先の世界を理解するために、想像力を活かす。

◯アンラーンでは、成功体験の思い出を残し、ものの見方だけを手放す。

◯アンラーンで手に入れた新しいものの見方が、自分と一体化しているか、リフレクションを通してメタ認知する。

# 第2章

リーダーシップ編

## オーセンティックなリーダーになる

# メンバーの主体性を引き出すチーム型リーダー

第2章では、リーダーシップを強化するためのリフレクション活用方法を紹介します。

本書において、リーダーシップとは、自分の言葉や行動、存在を通して、**自分以外の人も主体的に動くようにしてしまう影響力**と定義します。

リーダーの条件は、未来に対する意図（目的、目標、ビジョン等）を持っていること。リーダーは、その意図を実現するために、自らの影響力を発揮します。

リーダーシップの定義は時代とともに移り変わります。このため、時代がリーダーに何を求めるのかを見極める必要があります。リーダーの決断力と組織の実行力が成果を生む時代には、強いカリスマ性を持つリーダーが歓迎されました。しかし、現在では、成果を出すために、新しい価値を生み出す力や変化に柔軟に適応する力が必要となり、誰もがリーダーシップを発揮する組織をつくるチーム型リーダーが求められるようになりました。

カリスマ性を持つリーダーは、指示命令で人を動かす力を持ちます。たとえば危機に直面して全員を動かす必要があるとき、リーダーの意志を瞬時にチームに反映させることができます。しかし、いつもこのアプローチを選択していると、メンバーがリーダーの意思決定でしか動かない、指示待ち集団になってしまいます。カリスマ性がある人は、考えない組織をつくっていないか点検し、自分の判断をいつ、どのように伝えるかを工夫しましょう。

チーム型リーダーの特徴は、**すべてのメンバーがリーダーシップを発揮する**ことを奨励することです。

チームには、様々な才能を持ったメンバーがいます。たとえば、論理的思考が得意で、ロジックの整理をする上で欠かせない存在もいれば、計画や段取りの達人もいるでしょう。チームの楽しい雰囲気づくりが得意なムードメーカーもいるはずです。いつも冷静で、分析が得意な人もいます。一人ひとりが自分の得意なことを通してチームに貢献できれば、メンバー一人ひとりの能力を、チームの強みに変えることができます。

チーム型リーダーは、ヒエラルキーのトップに鎮座するのではなく、フラットな組織をつくり、その中でリーダーシップを発揮します。

そこで大切なことは、チームにパーパスとビジョンがある状態をつくることです。この2つは、共に目に見えないものですが、メンバー一人ひとりの心の中に存在していることが理想の状態です。詳しくは第4章で後述しますが、一人ひとりが動機の源につながる共有ビジョンを確立し、一人ひとりがパーパスを自分ごとにするために、リフレクションと対話をチームの武器にしてください。

## オーセンティックなリーダーになる

オーセンティックなリーダーとは、「本物のリーダー」という意味です。最初にこの言葉を聴いたとき、私は「リーダーのあるべき姿に限りなく近い」という意味だと勘違いしていましたが、**オーセンティックとは、「自分に限りなく正直である」**ということを意味します。オーセンティック・リーダーシップは、「自分らしさを体現したリーダーシップ」と言えるでしょう。

オーセンティックなリーダーは、自分にない強みを持つメンバーを活かすことが上手です。自分の強みも弱みも受け入れ、同時に、ぶれない軸を持つリーダーの存在が、チームに心理的安全性をもたらします。

私が留学したビジネススクールで、「パワーと影響力」というリーダーシップの講義最終日に、教授が語ったのも同じメッセージでした。

「講義では、偉大なリーダーたちの実践からリーダーシップについて学んだ。しかし、彼らの真似をしても本物のリーダーにはなれない。リーダーシップとは、一人ひとりの個性を土台に、自ら創り上げるものなのだ。君たちだって、猿真似のリーダーにはついていかないだろう」

当時の私は、この教授の話を聴きながら、「ビジネススクールに通えば、リーダーシップが学べると思ったのに！」と心の中で叫んだことを記憶しています。しかしその後、自らリーダーシップを発揮する経験を経て、「まったく、その通りだ」と思えるようになりました。

リーダーシップを強化するためには、ビジネススキルを磨き、見聞を広げることも大切です。しかし、絶対に外してはならないのが、自分を知ることです。自分を知り、ぶれない軸を持つリーダーは、チームに安定感をもたらします。リーダーシップは、あなたの言葉や行動、存在そのものがもたらす影響力なので、その影響力の源を知っておく必要があります。

リーダーシップの評価は、受け手主導と言われます。リーダーが意図を持ち、メンバーに働きかけた結果、メンバーが、自らの意志でリーダーの意図通りの動きをしたとき、リーダーは影響力を発揮しているといえます。そうなっていないときは、なんらかの理由で、リーダーシップが機能していません。

リーダーシップは、経験学習を通して磨かれるものです。経験から学ぶリフレクション（86ページ）を通して、リーダーシップを磨き、影響力を高め続けてください。

ポイント

- リーダーシップとは、自分の言葉や行動、存在を通して、自分以外の人も主体的に動くようにしてしまう影響力のこと。
- メンバー全員が自分の強みを活かしてリーダーシップを発揮できるチームをつくる。
- 自分を知り、ぶれない軸を持つオーセンティックなリーダーになる。
- 実践とリフレクションを繰り返し、自分らしいオーセンティックなリーダーシップを体現する。

# ぶれない軸を持つ

オーセンティックなリーダーは、自分を含めたメンバーの多様性を活かす強いチームをつくり上げることができます。そのために、リーダーは、ぶれない軸を持つ必要があります。

自分らしさの中でも、信念や大切な価値観、内発的動機の源泉を知ることで、自分の個性を活かしたリーダーシップを発揮することができます。

ぶれない軸を持つために欠かせないのが、リフレクションです。自分がどこからやってきて、現在どこにいて、今、どこに向かおうとしているのか。これらを知っていることが、あなたの影響力を支えます。

次の7つのリフレクションを実践して自分を知ると、自分の軸が明確になります。18ページからフレームワークをダウンロードできますので、取り組んでみてください。

## ぶれない軸をつくるリフレクション

■1 過去に、どのような選択をしてきたのか振り返る
■2 自分の使命、存在理由を明確にする
■3 自分が大切にしている価値観を明らかにする
■4 自分のビジョンを明確にする
■5 自分の強みを見つける
■6 自分が持つ、影響力の源泉を探す
■7 自分が抱く理想のリーダー像を考える

## WORK ぶれない軸を持つリフレクション

### 1. 過去に、どのような選択をしてきたのか振り返る

| | |
|---|---|
| 意見 | 自分を形作ったと思う人生の決断や選択を洗い出してみましょう。 |
| 経験 | それはどのような経験でしたか? |
| 感情 | その経験にはどのような感情が紐づいていますか? |
| 価値観 | その決断や選択の背景には、どのような価値判断があったのでしょうか? |

### 2. 自分の使命、存在理由を明確にする

| | |
|---|---|
| 意見 | あなたの使命、存在理由は何ですか? |
| 経験 | 使命を果たすために、どのような経験をしていますか? |
| 感情 | その経験にはどのような感情が紐づいていますか? |
| 価値観 | そこから見てくるあなたが大切にしている価値観は何ですか? |

### 3. 自分が大切にしている価値観を明らかにする

| | |
|---|---|
| 意見 | 使命を果たすために、あなたが大切にしている価値観は何ですか? |
| 経験 | その価値観をあなたやチームが体現している経験を教えてください。 |
| 感情 | その行動事例には、どのような感情が紐づいていますか? |
| 価値観 | その行動事例には、どのような価値観(大切にしているものの見方)が紐づいていますか? |

## 4. 自分のビジョンを明確にする

| | |
|---|---|
| 意見 | あなたは、何を実現したいと考えていますか？　ビジョンは何ですか？ |
| 経験 | そのビジョンが重要だと思うようになった経験を教えてください？ |
| 感情 | その経験にはどのような感情が紐づいていますか？ |
| 価値観 | そこから見えてくる、あなたが大切にしている価値観は何ですか？ |

## 5. 自分の強みを見つける

| | |
|---|---|
| 意見 | あなたの強みは何ですか？ |
| 経験 | どのような経験からそう思うのですか？ |
| 感情 | その経験にはどのような感情が紐づいていますか？ |
| 価値観 | そこから見えてくるあなたが大切にしている価値観は何ですか？ |

## 6. 自分が持つ、影響力の源泉を探す

| | |
|---|---|
| 意見 | あなたの影響力の源泉は何だと思いますか？ |
| 経験 | どのような経験からそう思うのですか？ |
| 感情 | その経験にはどのような感情が紐づいていますか？ |
| 価値観 | そこから見えてくるあなたが大切にしている価値観は何ですか？ |

## 7. 自分が抱く理想のリーダー像を考える

| | |
|---|---|
| 意見 | どんなリーダーになりたいですか？ |
| 経験 | その背景には、どのような経験がありますか？ |
| 感情 | その経験にはどのような感情が紐づいていますか？ |
| 価値観 | リーダーシップにおいて大切にしたい価値観は何ですか？ |

# 軸がぶれていないかを点検する

リーダーも人間ですから、ぶれない軸を持っているつもりでも、時に揺らいでしまうことがあります。そんなときに自分の軸を支えてくれるのが、メタ認知力です。認知の4点セットで、自分の内面をリフレクションする習慣を持っていれば、軸がぶれている自分をメタ認知することができます。

リフレクションで最初に点検することは、価値観と判断の関係です。この判断は、自分が大事にしている価値観に基づいているか、なぜそう言えるのかをリフレクションします。

また、判断に感情が与える影響は大きいので、自分の感情をリフレクションすることも大切です。判断の背景にはどのような感情があるのか、リフレクションしてください。特に、怒りや焦りといったネガティブな感情が判断の背景にある場合は要注意です。「この判断は、自分が大切にしている価値観に基づいているか」「軸はぶれていないか」を点検しましょう。

リーダーは、組織文化を形成する上で、重要な役割を果たします。

5つ（信念、感情、思考、態度、行動）の一貫性を体現しているリーダーは、メンバーのロールモデルとなり、チームが理想とする組織文化を形成することができます。ぶれない軸を意識することは、組織文化を形成する上でも大切なことなのです。

ここでは、5つ（信念、感情、思考、態度、行動）の一貫性から、軸がぶれていないか点検する方法を紹介します。

次の事例をもとに、自身の一貫性を確認しましょう。

図2-1 リーダーの一貫性

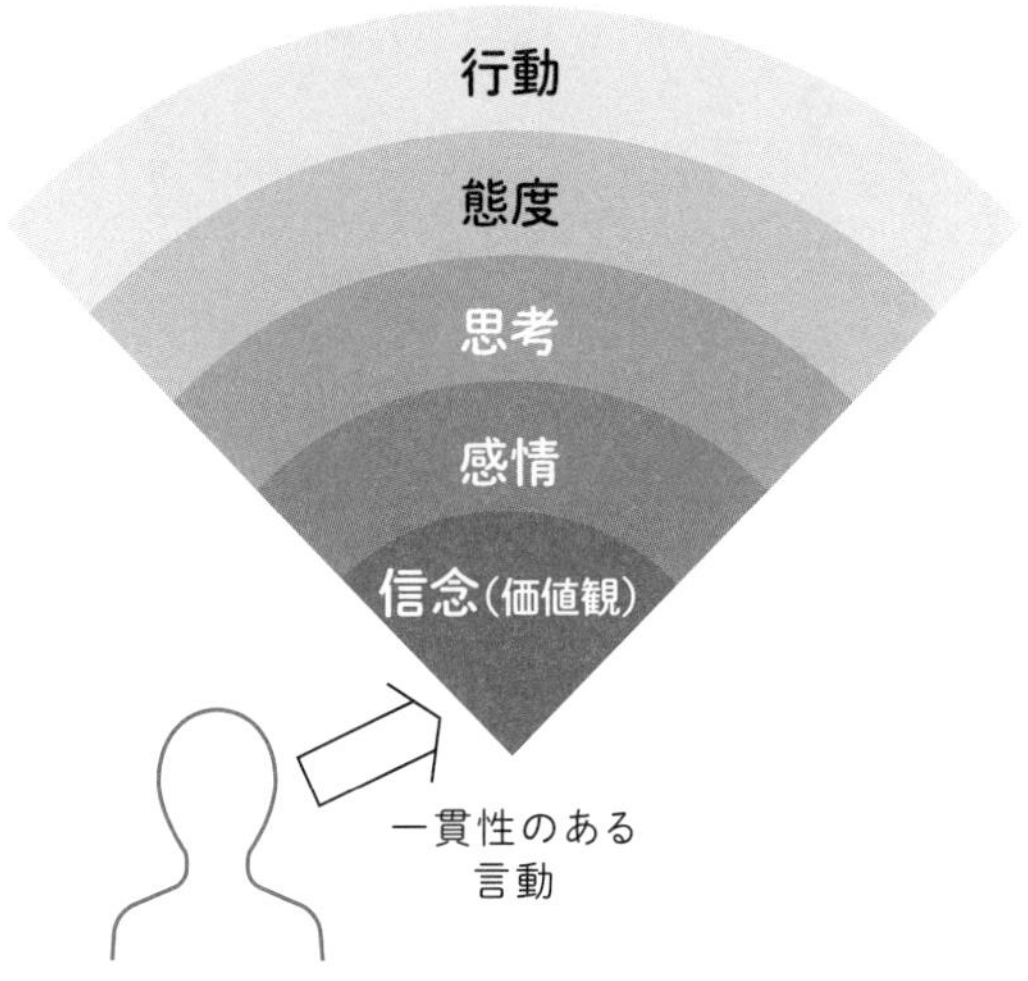

## 5つの一貫性を点検するリフレクション

**信念** 信頼を大事にしたい

**行動** (信頼を維持するために)悪いニュースも正直に話す

**態度** 誠実な態度で他者と向き合う

**思考** (判断軸)信頼を裏切らない、信頼を高める

**感情** (信頼を実感できるとき)嬉しい
(嘘をつくなど信頼を裏切る行為)残念、悲しい

この事例では、リーダーは、信頼を信条にしています。そのために、誠実な態度で他者と向き合い、悪いニュースも正直に話すことを心がけていて、信念と行動に一貫性があるといえます。自分の判断や行動が「信頼を大切にする」という信念に反していないか、リフレクションを通して自己点検することで、その信念に対する理解もより深まります。

リフレクションを通して、信念、行動、態度、思考、感情の一貫性を体現し、チームが

理想とする組織文化の形成に挑戦してください。

ポイント

○ぶれない軸を持つオーセンティックなリーダーになるために、7つのリフレクションを実践する。

○軸がぶれていないか、信念、行動、態度、思考、感情の一貫性を点検する。

# 自分自身でモチベーションを高める

リーダーシップを発揮すると、思い通りにいかないことやストレスを感じることが多くなります。リーダーは関わる人のモチベーターであることが期待されますが、リーダーのモチベーションを気にかけてくれる人は、なかなかいないのが現実です。

そのため、リーダーは自らのモチベーションを上げる「自燃《じねん》力」を高める必要があります。

チームメンバーのモチベーションの低さを嘆きたくなることもあるかもしれませんが、一般的には、メンバーのモチベーションがあなた以上に高くなることは期待できません。まずは自分のモチベーションを上げるために、次の２つのリフレクションを試してみてください。

■ 自分の原点に戻るリフレクション
■ 自分を解放するリフレクション

## 自分の原点に戻るリフレクション

**意見**　そもそも、なぜこの仕事に取り組み始めたのでしょうか？　何を実現したいと思っているのでしょうか？
**経験**　どのような経験から、そう思うのでしょうか？
**感情**　その体験には、どのような感情が紐づいていますか？
**価値観**　そこから見えてくる、あなたが大切にしている価値観は何ですか？

このリフレクションを行うと、原点に立ち返ることで「何のために取り組んでいるのか」を自覚でき、取り組み始めた頃と同じようなモチベーションで自分が実現したいことに向かうエネルギーが体の内側から湧き出てきます。

プロジェクトが行き詰まったときなどには、チームメンバーと一緒に行っても効果的です。

## 自分を解放するリフレクション

**意見**　すべてから解放された世界は、どのような世界でしょうか？
**経験**　そこで、あなたは何をしていますか？　そこには、誰がいますか？
**感情**　その世界にいるとき、あなたはどのような気持ちですか？
**価値観**　そこから見えてくる、あなたが大切にしている価値観は何ですか？

このリフレクションは、モチベーションがゼロまたはマイナスの状態にあるときにおすすめです。おそらく、現状に留まることが、難しい状態です。そんなときには、思い切って、「やめた！」と(心の中で)叫び、現実から離れてみましょう。空想するのは自由です。思い切って、責任も役割も、すべて手放してみてください。そして、その世界にはどのような人生があるのかを想像してみましょう。

多くの場合、ここまで離れてみると、原点に戻って「頑張ろう」という気持ちが湧いてくるはずです。また、自分が直面している課題を俯瞰することもできるので、課題を解決する力も高まります。

もし、このリフレクションを行っても現実に戻ることに意義を見出せなければ、今やっていることを見直し、場合によっては離れることを検討すべきかもしれません。このときに忘れてはいけないのは、感情のメタ認知です。怒りや不安、悲しみなど、負の感情が自分を支配しているときには、人間は正しい決断を行うことはできません。睡眠を十分に取り、心身を整えて、マインドフルな状態になっていることを確認した上で、大切な決断を行うようにしてください。

ポイント

- メンバーのモチベーションが下がっていると感じたら、自身のモチベーションを点検する。
- モチベーションが下がったら、「自分の原点に戻るリフレクション」で、初心に帰る。それでもモチベーションが上がらなければ、すべてから解放された自分を想像し、自分にとって本当に大切なこと、残したいものは何かを見定める。
- 重要な決断は、マインドフルな状態で行う。

# 心を扱う

目まぐるしく変わる環境は、人間に大きなストレスを与えます。その中で何かを成し遂げようとしている私たちにとって、心をうまく扱うスキルはこれからますます重要度が増していくでしょう。

瞑想やマインドフルネスを実践する人も増え、レジリエンスやグロースマインドセットなどといった、心の扱い方に関するビジネススキルも注目を集めています。

- **マインドフルネス**　「今」という瞬間への、一切の評価判断を挟まない、気づきの状態
- **レジリエンス**　人間が逆境からすばやく立ち直り、成長する能力
- **グロースマインドセット**　基本的資質は、努力次第で伸ばすことができるという信念

マインドフルネス、レジリエンス、グロースマインドを手に入れるためにも、リフレクションはとても有効な手段です。ここからは、「自分の心をどう扱うか」に焦点を当てていきます。

## 感情の背景には大切にしている価値観がある

感情は、大切にしている価値観に紐づいています。法則はとても簡単で、大切な価値観が満たされているときにはポジティブな気持ちになり、満たされていないときにはネガティブな感情が現れます。

誰もがたくさんの大切にしている価値観を持っています。リフレクションを繰り返して自分だけの「価値観リスト」ができると、自分を活かしたり、心を安定させたりすることができます。

56ページでは、「動機の源につながる目的を持ったときに、潜在能力を開花したり、創造性を高めたりできる」というクリエイティブテンションの法則を紹介しました。

夢やビジョンが大切な価値観とつながっていれば、内発的動機によって生み出されるエネルギーがあなたの思考力や行動力を支えます。


自分が大切にしている価値観を多く知れば知るほど、どのようなときにポジティブ、あるいはネガティブな感情になるのか、自分の感情を予測できるようにもなるので、自らポジティブな感情になりやすい環境をつくることが可能になります。


たとえば、私はイノベーションが生まれやすい環境に身を置くとご機嫌になります。オープンでフラットな人間関係や、馬鹿なアイディアを言い合える仲間、目的をひとつにして仮説と検証が超高速で推し進められる環境が大好きです。

一方、形式的で緊張感のある人間関係や、官僚的な答弁の場、定型的な仕事の反復が中心の仕事では、わくわくすることができません。

そのため、できるだけ、イノベーティブな世界の空気を吸う時間を増やすよう心がけています。

自分の感情をメタ認知するのはそう簡単なことではないと思っている人も多いかもしれませんが、認知の4点セットを使えば、意外と簡単に自分の感情を見つめることができます。

### 感情のリフレクション

**感情**　今、どのような気持ちですか?
**意見**　どのような意見を持っていますか?
**経験**　その気持ちや意見の背景には、どのような経験がありますか?
**価値観**　その気持ちや意見の背景には、どのような価値観がありますか?

このように認知の4点セットで感情をメタ認知することで、自分の感情を上手に扱えるようになります。これは子どもと接するときにも有効です。

以前の私は、子どもに対して頭にきたとき「なんで、あなたはいつもこうなの?!」と、感情をそのまま表現していました。ところが、認知の4点セットを活用し始めてからは、怒りを感じたときに、まずその怒りを4点セットで分析するようになりました。

### 子どもに怒るお母さんの感情のリフレクション

**感情**　怒り

**意見**　なんであなたはいつも、ゲームで遊んだあとに片づけないの！

**経験**　今日はさんざんな日だった。会議ではAさんが提案に文句ばかり言ってきた。疲れて家に帰ったら、床に転がっていたゲーム機につまずき、転びそうになった。

**価値観**　(子どもへの期待)自律、協力(会議の経験)共創

感情のリフレクションを行う習慣を持つと、それだけでも一拍置くことができるようになり、冷静になることができます。

さらに、怒りの背景にある経験を振り返ることで、「怒りの矛先が子どもに向いているのは、的外れかもしれない」と思えるようになります。

「こんな些細なことで腹が立ってしまうのは、会議でAさんの発言があったからだ。その不満を会社では発散できないから、息子にぶつけてしまったのか……」

そんなふうに、自分の怒りを正しく理解できるようになります。リフレクションを通して自分の怒りを客観視することができれば、怒りも自然に収まっていきます。

怒りに基づく言動は、短期的にすっきりするくらいしかメリットがなく、多くの場合、相手にも自分にも幸せな結果をもたらしません。

怒りの感情が現れてきたら、「私は何に怒っているのか」を客観視するために、認知の4点セットを活用したリフレクションを行う習慣を身につけてください。

怒りの原因を分析すれば、あなたが得たいものが何かも明らかになります。そのうえで、アクションを考えたほうが得策です。

## リフレクションで「マインドフルネス」に近づく

マインドフルネスとは、「今」という瞬間への、一切の評価・判断を挟まない、気づきの状態です(日本マインドフル・リーダーシップ協会)。

あなたはどのようなときに、マインドフルでいることが難しいと感じますか。瞑想や座禅で心を落ち着けても、日常の仕事や生活に戻ると心が乱れることもあるでしょう。すぐに瞑想に戻ることもできませんよね。

そこで、おすすめなのが、「**リアルタイム・リフレクション**」です。今起きている出来事や、この瞬間に感じていることを、認知の4点セットでリフレクションし、マインドフルになる実践法です。

リアルタイム・リフレクションが特に役立つのは、ネガティブな気持ちが自分の中に現れたときです。ネガティブな気持ちが心の中に芽生えた瞬間にその理由を理解し、その気持ちを手放すことができると、リアルタイムにマインドフルネスを実現することが可能になります。

過去に怒りをぶつけた経験から、私が学んだ法則は、怒りをぶつけてすっきりしたあとは、必ず災いがくるというものです。誰かに怒りをぶつけると、その瞬間はすっきりするのですが、なぜかその後ブーメランのように相手の反撃が自分に返ってきて、さらに状況が悪化してしまい、収拾をつけるのに大変な労力を費やす結果となります。

この経験から学んだ法則は、「怒りの感情が生まれたときには、怒りの気持ちを発散することで次にやってくる災いを想像し、一瞬だけすっきりする道を選ばないことが賢明である」ということです。そのために、怒りを客観視するリアルタイム・リフレクションが欠かせません。

リアルタイム・リフレクションをすると、負の感情を手放しやすくなります。

仕事でも家庭でも、あらゆる場面で使うことができますが、ここからは会議中にイライラしているときを例に説明します。

### 負の感情のリアルタイム・リフレクション

**意見**　またこの人が話し始めた。聴きたくない。

**経験**　この人はいつも話が長いし、的を射ていない。

**感情**　イライラ

**価値観**　生産性、本質

**■リアルタイム・リフレクションを通して明らかになったこと**

私は生産性と本質を大切にしているから、この人の話を聴くとイライラするのだと気づいた。私が生産性と本質を大切にすることと、この人に私の感情を乱されることは分けて考えよう。

自分の心のオーナーは自分自身であり、自分の心を乱す権利を持っているのは自分だけです。他者に心を乱されていることは、相手に「私の心にストレスを与える権利」を渡していることと同じです。

そう考えることができるようになれば、負の感情も、比較的簡単に手放すことができるようになります。

負の感情を手放し冷静になったら、ストレスの原因を減らす対策も考えることができます。相手にもう少し的を射た発言をしてもらえるよう、あらかじめ問いを用意しておく、役立ちそうな情報を提供しておく、誰かからフィードバックしてもらうなど、対策を立ててストレスの原因を減らしていきましょう。

ストレスの対処法を考えるときにも、リフレクションが役立ちます。

## ストレスの対処法を見つけるリフレクション

**意見** あなたの心が穏やかになるのは、どんなときですか？

**経験** その経験は、どのようなものですか？

**感情** そのとき、そのような感情ですか？

**価値観** そこから見えてくる、あなたが大切にしていることは何ですか？

■例　友だちと話す

**意見**　信頼できる友だちと話すとき

**経験**　話を聴いてもらい「そうだよね」と言ってもらえると、自分が間違ってなかったと思える。時には、反省することもある。

**感情**　落ち着く

**価値観**　つながり、共感

■例　動物と触れ合う

**意見**　動物と触れ合うとき

**経験**　小さい頃から犬や猫と暮らしていた。犬や猫に話を聞いてもらって、癒された。

**感情**　落ち着く

**価値観**　つながり、愛情

このリフレクションをしておくことで、ストレスが大きくなりやすい状況のときにも、あらかじめマインドフルネスを維持するための計画を用意しておくことができます。元気になれる本や映画などをストックしておくのもよいでしょう。

## ネガティブな感情に注意する

ネガティブな感情も、時に前向きな方向に作用することがあります。

たとえば試合に負けて「悔しい」というネガティブな気持ちになったとしても、悔しさが、真剣に練習に励むためのエネルギー源になることがあります。

この場合、ネガティブな感情は有益なものと言えます。「試合に負けて悔しい」というネガティブな感情が、「次の試合に勝つ」というビジョンに発展し、その結果ポジティブな感情に移行します。当然、やる気も高まります。次の試合で勝てるかどうかは自分自身の力次第なので、ネガティブな感情を引きずっている暇もありません。

「ビジョン形成の始まりは、ネガティブな感情だった」というケースは非常に多いものです。しかし仕事では、ネガティブな感情をすぐにビジョンに転換できるほど、単純ではない場合があります。

たとえば自分一人の力ではどうしようもない人間関係の悩みや、協働や連携におけるトラブル、上位者の意思決定による方針転換など、ネガティブな気持ちになる原因は様々です。

そんなときにはまず、**リフレクションを通して、自分がネガティブな感情に支配されていることに気づく**ことが大切です。

自分の感情をメタ認知することができれば、その原因を客観視し、問題解決思考に切り替えられます。原因を取り除くのか、原因から一定の距離を置くのか、自分のものの見方を変えて現状を受け入れるのか……などと、対処方法を選択することも可能です。

多くのリーダーは、「ネガティブな精神状態では、良い判断ができない」と言います。心身の疲れが判断力を鈍らせてしまうこともあります。自分の感情を知ることは、自分にしかできません。まずは自分の感情と、その感情に至った原因をリアルタイム・リフレクションしてください。

ベストな判断をするためにも、リアルタイム・リフレクションでマインドフルな状態でいる習慣を持ち、心の異変を察知できるセンサーを磨いておきましょう。

## リフレクションで「レジリエンス」を高める

レジリエンスとは、回復力、弾性のことで、レジリエンス研究の第一人者であるペンシルベニア大学のカレン・ライビッチ博士は、「人間が、逆境から素早く立ち直り、成長する能力」と定義しています。

自分をメタ認知するリフレクションは、レジリエンスを高めるのにとても役に立ちます。レジリエンスを構成する8つの要素（自己認識力、自制心、精神的敏速性、楽観性、自己効力感、つながり、遺伝子、ポジティブな社会制度）の中から、自己認識力、自制心、楽観性、自己効力感を例に、リフレクションを活かす方法を紹介します。

### 自己認識力

大切な価値観が満たされているとき、人はポジティブな気持ちになり、その逆の場合、ネガティブな気持ちになります。ポジティブ／ネガティブな感情になっている自分に、「なぜそう感じるのか」を尋ねてみましょう。

### 自己認識力を高めるリフレクション

**感情**　楽しい

**意見**　なぜ楽しいのですか？

**経験**　どのような経験を通して、そう感じているのでしょうか？

**価値観**　どのような価値観が満たされているから楽しいと感じるのでしょうか？

**感情**　怒り

**意見**　なぜ怒っているのでしょうか？

**経験**　どのような経験を通して、そう感じているのでしょうか？

**価値観**　どのような価値観が満たされていないから、そう感じるのでしょうか？

## 自制心

自制心は、リフレクションを通して、自分の感情や思考、行動をメタ認知することで高まります。ここでは自制心を高めるためのメタ認知力を、初級から上級までレベルごとに紹介します。

### ■初級レベル：自分がどのように経験を意味づけているのかを理解する

自分が経験をどのように意味づけているのかをメタ認知できるレベルです。認知の４点セットを活用し、自分の内面を俯瞰することができれば、このレベルに到達しています。

### ■中級レベル：「肥大化」する理由に気づく

私たちは、常に膨大な情報の中から、情報を選択して認知しています。選択して認知するのは、自分のセンサーが捉えた情報です。たとえば、「あの人のこの特性が気になる」と思うようになると、常にセンサーがその情報を発見するため、その課題はあなたの中だけで肥大化していきます。あなたは、肥大化した課題に押しつぶされそうになるかもしれませんが、周囲を見渡して誰も気にしていなければ、それは経験の意味づけの違いです。
自分が何にこだわりを持っていて、どのような情報に、自分のセンサーが特に反応しやすいのかを俯瞰できる人は、このレベルに到達しています。

## ■上級レベル：他者と自分を切り分ける

経験をどう捉えるかは、自分の価値観が決めています。そのことが理解できれば、目の前にいる相手が自分の怒りの原因だと考えるのは間違いであると思えるようになります。目の前の相手は、怒りのトリガーにすぎず、怒ることを選択したのは、あなたの価値観なのです。かなり上級者ではありますが、ここまでくれば、怒りの感情を、自分でコントロールすることが可能になります。

自分の心を動かせるのは、自分だけです。環境や他者との関わりが、あなたが大切にしている価値観を脅かすとき、その経験がトリガーとなり、あなたは、ネガティブな気持ちになります。**自分が、どのような価値観に支配されているのかを知ることで、自分の心を制御する力が磨かれていきます。**

## 楽観性

楽観性を持つ人は物事の可能性を捉え、悲観性を持つ人は物事のリスクを捉えます。楽観性を高めたい人は、価値観に「無限の可能性」や「未来志向」というものの見方をインストールし、常に意識することをおすすめします。悲観的な考えが頭に浮かんだら、今起きていることを、「無限の可能性」と「未来志向」で捉え直してみましょう。

### 楽観的な思考に捉え直すリフレクション

■ **悲観的なリフレクション**

**意見** 新規事業の売上目標が高い。

**経験** 顧客もまだいないし、未経験のスタッフばかりだ。

**感情** 心配、恐怖

**価値観** 現実、リスク

価値観を「無限の可能性」と「未来志向」において捉え直すと、

■ **楽観的なリフレクション**

**意　見**　新規事業の高い売上目標を達成すると、社内外に良いインパクトがある。

**経　験**　潜在顧客はいるだろうし、スタッフにとっても新しい経験になる。

**感　情**　わくわく

**価値観**　無限の可能性、未来志向

リフレクションは、一度やって終わりではありません。自分のものの見方を確認し、「無限の可能性」と「未来志向」で捉え直す。これを繰り返すと、やがて楽観的に捉えることが習慣となります。

## 自己効力感

多くの人は、自分の有能さに気づかず、自己効力感を味わう機会を持てていません。得意なことは苦労を感じないため、他人からみると素晴らしい成果をあげていても、案外自己評価が低いものです。一方、苦手なことに対しては自分の能力不足が気になってしまい、自己効力感が持てない原因になることも多くあります。

「経験から学ぶリフレクション」（86ページ）を行い、経験を意味づけると、自己効力感を高めることができます。できたこと・できなかったことをしっかりと振り返り、**できたことは賞賛し、できなかったことからも学ぶ習慣を持つと、すべての経験が、自己効力感を高める効果を持ちます。**

経験を学びに変えることができると、「失敗も、価値ある経験として自分の成長を支えている」と実感が持てるので、自己効力感を下げる要因になりません。経験を振り返るうちに、完璧ではない現在の自分も受け入れることができ、自己効力感が高まっていきます。

## リフレクションで「グロースマインドセット」を育てる

「グロースマインドセット」とは、スタンフォード大学心理学教授キャロル・S・ドゥエック教授により提唱された概念で、**「人間の基本的資質は努力次第で伸ばすことができる」**という信念です。逆に、努力しても伸ばすことができないという心の在り方を、「フィックストマインドセット」と呼びます。壁にぶつかったとき、努力次第でどうにかなると思うか、自分にはできないと思うかで、自身の成長スピードは大きく変わります。

物事が行き詰まったときに、自分は今、どちらのものの見方を選択しているのかをメタ認知してください。「何か方法があるはずだ」と思えるか、「もうだめだ」と思ってしまうか、認知の４点セットで俯瞰することができます。

もし、「もうだめだ」と思ったら、フィックストマインドセットから、グロースマインドセットに移行するために、過去の成功体験を思い出しましょう。たとえばチャレンジして課題を克服した経験や、無理だと思ったことに挑戦して成果を出した経験などです。

そして、**その過去の経験をリフレクションして、成功体験を味わい尽くしましょう。**そのときの感情や経験を思い返すことで、経験に裏付けられたグロースマインドセットを自分のものにできます。

## 過去の成功体験のリフレクション

**意見** チームでチャレンジした長時間労働の削減は、不可能への挑戦だった。

**経験** 長時間労働の削減という全社方針が出たとき、我々の部署では残業は当たり前だった。最初は全員が「そんなの無理だ」と思ったが、全員が協力して仕事を分解し、自動化と効率化に取り組んだ結果、全社的な残業削減モデルになった。

**感情** (最初)絶望　(途中)不安　(成果が出て)面白い、嬉しい

**価値観** やってみなければわからない、やればできる

もし、自分の経験を思い出せないときには、他者の成功体験を活用する方法もあります。他者の成功を追体験することで、他者のグロースマインドセットを手に入れることができます。日頃から、他者の努力や成功の物語に触れ、グロースマインドセットの裏付けとなる成功体験を集めておくこともおすすめです。

# リフレクションで「ウェルビーイング」に近づく

最近では、ウェルビーイング（幸福）という言葉をよく耳にします。ウェルビーイングとは、「心地よく、健康で、幸せなこと」を表す言葉です。幸せな人生を望まない人はいないので今更という感じもしますが、様々な分野で、活動の最上位目標としてウェルビーイングが掲げられています。

ウェルビーイングを実現する上で、誰にとっても普遍的に必要なもの（健康や安全、経済的自立など）もありますが、本書で注目したいのは、「個人の主観で決まるウェルビーイング」です。キャリア選択やワークライフバランスのとり方、趣味の世界など、ウェルビーイングの定義は人によって異なります。自分のウェルビーイングの定義を持つために、リフレクションを活かしてください。

慶應義塾大学の前野隆司先生は、幸福学の研究を通して、「幸福の因子は4つあること」を明らかにしています。幸せになりたければ「やってみよう」「ありがとう」「なんとかなる」「ありのまま」の4つを実践すればよいという、とてもシンプルでパワフルな理論です。

4つの因子には、ポジティブな感情を高める効果があり、マインドフルネスやグロースマインドセット、レジリエンスにも通じるものがあります。

ウェルビーイングは、あなたの心が決めるものです。しかし、私たちは常にポジティブな気持ちではいられません。本書では、ネガティブな気持ちを、ポジティブな気持ちに変えるリフレクションの実践法を紹介しています。この実践において、注意して欲しい大切なことがあります。それは、感情を「無」にしないことです。

人間は、ポジティブな感情だけをオンにして、ネガティブな感情をオフにするということはできません。我々の脳は、ネガティブな感情に蓋をしてしまうと、ポジティブな感情も、オフ状態になるように設計されています。

だから、**ネガティブな感情も認知の4点セットでしっかりと認識し、味わった上で切り替える**というステップが必要になります。

何度もお伝えしていますが、ネガティブな感情は、あなたの大切にしている価値観が満たされていない状態を示しています。その自分をまず受容してから、ものの見方を変えることが大切です。

私たちの心は、外的要因に左右されます。物事がうまくいったとき、おもしろい映画を見たとき、楽しい仲間と話すとき、静寂の中で穏やかな時間を過ごしたとき……様々な出来事によって、心の景色が変わります。しかし、外的要因は心が動くきっかけにすぎず、心を動かしているのは自分自身なのです。

その出来事をどう受け止めるのか、どのように意味づけるのかを決めているのは、自分自身です。お釈迦様の教えにもあるように、最後は自分の心の在り方に帰結します。

どんな状況でも心を乱されないためには、リフレクションによって培った「自分自身を見つめる力」が大きな助けになるはずです。自分の心の扱い方を知るリーダーは、メンバーの心にもポジティブな影響を与えることができます。ぜひ、心を扱うリフレクションを実践して、チームのウェルビーイングを実現してください。

## ポイント

- ○ リアルタイム・リフレクションで、マインドフルネスを実現する。
- ○ リフレクションで、自分流のストレス対処法を見つける。
- ○ 認知の4点セットのリフレクションでレジリエンスを鍛える。
- ○ 経験をリフレクションして、グロースマインドセットを育てる。

# リフレクションで思考の柔軟性を高める

正解のないチャレンジの中で最良の判断を行うには、成功体験を手放し、前例を踏襲しない考え方で臨む必要があります。個人のキャリア開発においても、ビジネス上の判断においても、時代の変化に合わせて柔軟な思考を持ち続けられる人でいるために、リフレクションの習慣を身につけましょう。

**新しい課題に取り組むときには、創造力が鍵になります。**イタリアの異才デザイナーブルーノ・ムナーリは、その著書『ファンタジア』(みすず書房刊)の中で、創造力について、以下のように語っています。

創造力は、機敏で柔軟な知性を必要とする。つまり、いかなる種類の先入観からも解放された精神、どんな場合にも自分のためになることならなんでも学び取ろうとする精神、より適切な意見に出会ったならば自分の意見を修正できるような精神を必要とするのである。したがって、創造力のある個人とは、絶え間なく進化し続けるのであり、その創造力の可能性は、あらゆる分野において、絶えず新しい知識を取り入れ、そして知識を広げ続けることから生まれる。創造力の欠いた人とは、不完全な人であり、そういった人の考え方は、目の前に立ちはだかる様々な問題に立ち向かえず、おそらくいつも創造力のある誰かに助けを求めなければならないだろう。

あなたの創造力の可能性を開花させるためにも、先入観を取り払って柔軟な思考を手に入れましょう。

私たちのものの見方やマインドセットは、様々な経験を通して形成されるものです。特に心に強く残った経験と、そのときに味わった感情から形成されたものの見方やマインドセットは、その後の人生や判断に大きな影響を及ぼします。成功体験と、そのときに味わったポジティブな感情は、簡単には手放すことができません。

思考の柔軟性には、成功体験によって形成されたマインドセットを、必要に応じて手放すことも含まれます。成功体験は素晴らしい思い出ですが、成功体験に基づく判断が、常に最良の答えであるとは限りません。

先入観のない状態で、知らない世界を味わうことができると、新しい学びが手に入ります。そのためには、評価判断を保留にして、知らない世界を覗いてみる必要があります。

ここからは、実際に思考の柔軟性を高める方法を紹介します。

## 自分の思考をメタ認知する

思考を柔軟にするためには、まず「自分が何を考えているのか」「どのような経験や価値観にこだわりを持っているのか」を客観視する必要があります。

このステップを無視して、いきなり違う意見を受け入れても、思考の柔軟性は高まりません。違う意見ではなく、違うものの見方を自分のものにすることで、初めて、自分の思考を変えることができます。このため、まずは自分の思考をメタ認知する必要があります。

成功体験と同じように、失敗体験を通して得た学びも、強いこだわりとして自分の中に存在します。ここでは、失敗体験を事例に、思考をメタ認知する事例を見てみましょう。

## 自分の思考をメタ認知するリフレクション

会議で出された企画に反対意見を持っています。この意見に至った背景をメタ認知しましょう。

**■リフレクションの問い**

・自分の考えがどのような経験により形成されているのか？
・どのような価値観が大事だと考えているのか？

**意見**

新規事業を次々と生み出す企画に賛成できない。その考えは、短期的な収益を実現するためには役立ちそうだが、瞬間的なニーズに応えられても、長期的にお客様が求めるサービスにはならない。

**経験感情**

前の会社で、次々と新規事業を立ち上げた経験がある。どの事業も立ち上げには成功し、投資も回収したが、事業が短命で、次々と事業を立ち上げることが求められた。新しいものを生み出すのは好きだが、長く愛されるサービスもあるので少し寂しさを感じた。

**価値観**

長く愛される・必要とされる事業

**■リフレクションを通して明らかになったものの見方**

短期的な収益の実現よりも、長く愛される事業に従事したいという願いがあることがわかった。

**■リフレクションを経たあとのアクション**

先入観のない状態で対話に向かう。相手の意見の前提を確認する。短期的な収益を上げる事業をたくさん生み出したいのか、長期的に発展する事業を生み出したいのか、この企画はどちらを前提にしているのか確かめる。

もし過去の経験に縛られていたら、このように、対話を通して相手の世界を覗いてみることもできません。「自分が正しくて、相手が間違っている」というスタンスでは、進歩はありません。

## 経験や価値観を置き換えてみる

人の意見は経験に支えられています。もし違う経験をしていたら、意見が変わる可能性があります。また、意見の前提にある判断の尺度（価値観）を変更すれば、意見も変わります。意見だけを変えるのではなく、**「経験や価値観を置き換えることで意見が変わる」**という視点を持つことで、思考の柔軟性が磨かれます。

### 経験や価値観を置き換えるリフレクション

「新規事業を次々と生み出したい」という意見を持つ人には、どのような経験があるのでしょうか。

■リフレクションの問い

経験や価値観を置き換えてみると、どのような意見になるのか。

**意見** 新規事業を次々と生み出したい。

**経験・感情** 新しい発想で開発した新サービスが成功したからこそ、今の顧客ファン層を獲得することができたし、ブランドも築き上げることができた。新しいアイディアを他社に先駆けて形にできる力が、会社の生命だと思っている。だから、この活動を止めることは、死を意味することという恐れもある。

**価値観** 顧客ファン層の期待を裏切らない、会社の存続、新しいアイディアの創造

■経験や価値観を置き換えた結果、何が明らかになったか

「新しいアイディアで次々と事業を生み出していくことは、短期的な収益にはつながるが、長期的に継続する事業が生み出せないのではないか」という思い込みがあった。

事業アイディアそのものを評価する前に、短期的な収益のための事業と決めつけていたのも、思い込みだったかもしれない。

このように、自分の経験と価値観から離れて、相手の世界を覗いてみることで、自分の先入観を客観的に捉えることが可能になります。

## 他者の認知の4点セットを想像する

自分とは異なる立場や、異なる経験をしている人には、自分とは異なる認知の4点セットがあります。多様な人々の認知の4点セットを想像することで、自分の経験や価値観に縛られない、柔軟な思考が磨かれますし、共感力も高まり、信頼関係が構築できるという副産物もついてきます。

**リフレクションの問い**

◯◯さんの認知の4点セットはどのようなものなのか。

上級者になると、違和感や驚きが予想される場所に自ら出向き、その人たちとの対話を通して、相手の認知の4点セットを理解することができます。まずは、身近な人々の認知の4点セットを想像するところから始めてください。

家族や恋人など、大事な人の認知の4点セットを想像することで、相手が何を大切にしているのかが予測できるようになり、大事な人との関係が深まるという効果も期待されます。また、世代間ギャップを感じている相手や、少し距離を感じる人、理解できないと思うような人の認知の4点セットを想像してみるのもおすすめです。


自分の境界線の外に出る機会を多く持つ人は、柔軟な思考を持つことができます。驚きや違和感を持つ場面では、自分の常識が通用せず、自分自身の考えを前提から見直す必要に迫られるため、評価判断を保留にして、多様な世界から学ぶことが、とても楽に自然にできるようになるからです。

驚きや違和感に遭遇したら、思考の柔軟性を磨くチャンスと捉えてください。

# 驚きと違和感のリフレクション

私たちは、日々、何かしら違和感を覚えたり、変化に驚く機会に遭遇したりしているのではないでしょうか。そんなときには思考停止してやり過ごすのではなく、ぜひ、リフレクションをしてみてください。

## ステップ1　驚きや違和感の背景を認知の4点セットで理解する

驚きや違和感は自分（の枠）を知る機会です。なぜ驚いたのか、認知の4点セットを活用したリフレクションでメタ認知しましょう。

**意見**　何に驚いたのでしょうか？　あるいは、何に違和感を覚えたのでしょうか？

**経験**　そのことについて、どのような経験を持っているのでしょうか？

**感情**　その経験にはどのような感情が紐づいているのでしょうか？

**価値観**　そこから見えてくる、あなたが大切にしている価値観は何でしょうか？

## ステップ2　リフレクションで明らかになったことを整理する

認知の4点セットを俯瞰し、なぜ、驚きや違和感を覚えたのか、驚きや違和感の背景に、どのような経験とものの見方があるのかを整理します。

**意　見**　驚きや違和感の原因は何でしょうか？

**経　験**　驚きや違和感を覚えた出来事は何ですか？

**感　情**　その経験にはどのような感情が紐づいているのでしょうか？

**価値観**　そこから見えてくる、あなたが大切にしている価値観は何ですか？

## ステップ3　問いを立てる

ステップ1で明らかになった驚きと違和感の原因を踏まえて、自らのアクションを考えるために必要な問いを考えます。

### ステップ4　リフレクションをアクションに活かす

リフレクションを次のアクションにどう活かすかを検討します。

違和感を覚えたり、驚きを感じたときには、その原因を、認知の4点セットでリフレクションしてみてください。自分に、どのようなものの見方やマインドセットがあるかが明らかになります。そして、変化が必要と感じたときには、違和感の背景にある価値観に注目し、自らをアップデートする可能性を探求してください。

## WORK　驚きと違和感のリフレクション

### STEP 1 驚きと違和感の背景を認知の4点セットで理解する

| | |
|---|---|
| 意見 | **何に驚いたのでしょうか？<br>あるいは、何に違和感を覚えたのでしょうか？**<br>米デューク大学の研究者であるキャシー・デビッドソン氏が、<br>2011年8月のニューヨークタイムズ紙インタビューで語った言葉。<br>**「2011年度にアメリカの小学校に入学した子どもたちの65%は、<br>大学卒業時に今は存在していない職業に就くだろう」** |
| 経験 | **そのことについて、どのような経験を持っているのか。**<br>子どもの教育において、その子の特性や、<br>将来のなりたい職業を想定して、進路や進学を考えてきた。 |
| 感情 | **その経験にはどのような感情が紐づいているのでしょうか？**<br>不安、慎重 |
| 価値観 | **そこから見えてくるあなたが大切にしている価値観は何ですか？**<br>計画、予測、幸せ |

### STEP 2 リフレクションで明らかになったことを整理する

| | |
|---|---|
| 意見 | 驚きと違和感の原因は何でしょうか？<br>65%の子どもたちが大学卒業時に、今、存在していない職業に<br>就く世の中では、将来のなりたい職業を想定して進路を考えて、<br>計画的に教育を行うことができないのではないかと思った。 |
| 経験 | **驚きと違和感を覚えた出来事は何ですか？**<br>ステップ1の出来事 |
| 感情 | **その経験にはどのような感情が紐づいているのでしょうか？**<br>不安 |
| 価値観 | **そこから見えてくる、あなたが大切にしている価値観は何ですか？**<br>指針 |

## STEP 2 問いを立てる

**ステップ1で明らかになった驚きと違和感の原因を踏まえて、自らのアクションを考えるために必要な問いを考えます。**

| | |
|---|---|
| 次のアクションのための問い | **自らのアクションを考えるために必要な問いは何ですか?**<br>未来が予測不能な時に、<br>教育は何を指針にすればよいのか。<br>私は、指針についてのものの見方をどのように<br>アップデートしていかなければならないのか。 |

## STEP 3 リフレクションをアクションに活かす

**リフレクションを次のアクションにどう活かすかを検討します。**

| | |
|---|---|
| アクション | 私は親として、65%の子どもたちが今存在しない<br>仕事につくことが予測される時代の教育の指針が<br>何かを考える。<br>教育の指針そのものを、再定義する。 |

## 知らない世界に潜るリフレクション

未知の世界に身を置く機会は、思考の柔軟性を磨く上で、とても効果があります。

私は4年前から、アフリカのザンビアで次世代リーダー養成プログラムを実施しています。

ザンビア滞在中は、違和感や驚きの連続なので、リフレクションの問いは尽きることがありません。現地のビジネスマン、農民、行政やNGOの人々と交流し、ザンビアの政治やビジネス、社会課題について学びます。しかしもっとも大きな学びは、自己の内面に起きる変化です。ザンビア滞在中の経験を自分自身がどう受け止めているのかを認知の4点セットでリフレクションし、仲間との対話を通して学ぶことで、違和感や驚きを深い学びに変えていくことができます。短い期間で、想像を超える違和感や驚きにたくさん出会うことで、思考の柔軟性も磨かれます。

リフレクションのステップは184ページの「驚きと違和感のリフレクション」と同じ

ですが、ここでは知らない世界から学び、行動に活かすための方法を解説していきます。

### ステップ1　驚きと違和感の背景を理解する

**意　見**　ザンビアの人たちは、決して豊かではないのに、幸せそうだ。

**経　験**　豊かになることが幸せにつながるという考えに基づき、日本の社会は動いている。お金がなければ、よい教育もできないし、旅行に行くこともできない。

**感　情**　喜び

**価値観**　豊かさ、幸福

### ステップ2　リフレクションで明らかになったことを整理する

**意　見**　これまでの自分は、経済的に豊かになることが幸せにつながると考え、企業の発展や自分のキャリアを考えてきた。ザンビアに来る前は我々のほうが幸せだと考えていたが、ザンビアの子どもたちの笑顔や、家族全員が協力しながら生きているホストファミリーの幸せな暮らしを知り、経済的な豊かさでは恵まれている私たちが、彼ら以上に幸せであるとは言えないと思うようになった。

**経験** ステップ1の出来事

**感情** 驚き

**価値観** 幸福の追求、笑顔、幸福であるという実感

### ステップ3 問いを立てる

ステップ1と2で明らかになった驚きと違和感の原因を踏まえて、自らのアクションを考えるために必要な問いを考えます。

驚きや違和感を覚えた経験から学んだ「ものの見方」を行動に活かすために必要な「問い」は何でしょうか。この事例では、「幸福の追求」が大切な価値観なので、新しい「ものの見方」を自分ごとにするために、「幸福の追求」という価値観をどうアップデートするのかを明確にする必要があります。

**問い**

自らのアクションを考えるために必要な問いは何か。

発展途上国に生きる人々にとって、私たちのような経済発展を実現することが本当に幸せなことなのか。

## ステップ4　リフレクションをアクションに活かす

リフレクションで明らかになった学びをどう活かすか、行動計画に落としこみます。

**アクション**

わが社は、社会価値創造を経営指針に掲げており、ザンビアでも事業を展開することを考えている。事業戦略を考える際に、先進国のモデルを現地に当てはめるのではなく、現地の人々にとって幸せな社会を創造することを起点に考えたい。

驚きや違和感を覚えた経験から学んだ「ものの見方」は、あなたの創り出す未来の世界を変える力を持ちます。アップデートされた「ものの見方」は、あなたの行動に新たな指針を与え、時には、あなたに軌道修正を求めるかもしれません。

**学びは得ることが目的ではなく、活かすことが目的**です。リフレクションを通して、アップデートされた「ものの見方」を、自らの行動に活かすことを目指しましょう。

## BOXの外に出るリフレクション

何か新しい、独創的なアイディアが欲しいと思っても、絞り出すのに苦労した経験はありませんか。そんなときに役立つのが、ボックスの外に出る「アウト・オブ・ボックス・シンキング」です。

ボックスとは、過去の経験を通して形成されたものの見方による「枠」です。認知の4点セットで自分の内面をメタ認知する習慣を身に付ければ、簡単に、自分の「枠」を知ることができます。

アウト・オブ・ボックス・シンキングでは、自分の「枠」を使わない考え方にチャレンジします。認知の4点セットで、自分の「枠」をメタ認知したら、その「枠」の外の世界に出かけてみてください。そして、外の世界にある「枠」で、考えることに挑戦してみましょう。

まるで色眼鏡をかけ替えるように、違うレンズで物事を捉えることができるようになれば、アウト・オブ・ボックス・シンキングの達人です。

思考の柔軟性を磨くチャンスは、日常にもあります。いつもは通らない道を歩く、いつもは手にしない本を読んでみる、いつもは入らないお店に入ってみる、やったことのないスポーツにチャレンジしてみる……など、ふだんの生活の中でも、簡単に「枠」の外に出ることができます。

ただ、一つだけ注意が必要です。ただ単に「枠」の外に行っただけでは、アウト・オブ・ボックス・シンキングは磨かれません。評価判断を保留にして、**境界線の外での経験を味わうことで初めて、新たな視点を手に入れることが可能になります。**

アウト・オブ・ボックス・シンキングは、筋トレのようなものです。自分の「枠」の外に出て新しい「枠」で物事を捉える習慣を持つことで、「枠」の外に出たり入ったり、別の「枠」を差し変えたりすることが、楽に、自由に行えるようになります。

## 本に線を引いた箇所に学びはない

私たちの思考は、過去の成功体験に簡単に支配されてしまいます。現在のセブン−イレブン・ジャパンの創設者鈴木敏文氏は、そのことを十分に理解し、思考の柔軟性を常に磨き続けていたそうです。鈴木さんは、「本を読んで線を引いた箇所には学びはない」と言い、線を引いていないところにどのような学びが潜んでいるのかを探求したそうです。大切だと思うところに線を引いているのに、なぜ、その箇所に学びがないのでしょうか。

鈴木さんは、「線を引いた段階で、すでに、その箇所が大切なことを知っているので、線を引いた箇所には学びがない。大事なことは、線を引いていない箇所にどのような学びがあるのかを探すことだ」と説明されたそうです。

「ヒット商品が出ると、市場のニーズを理解しているという思い込みが生まれ、市場の変化に気づけなくなる」という成功体験のリスクを鈴木さんはよく知っていたのでしょう。そして、常に、自分の知らない世界に、学ぶ姿勢を持ち続けたことが、鈴木さんがセブン−イレブンを日本で成功させた理由なのだと思います。

鈴木さんの「本に線を引いた箇所には学びはない」という言葉は、過去の成功体験に縛られず、常に、柔軟な思考を持つ上で、指針となるといえます。

本に線を引いていないところから学ぶ最も簡単な方法は、多様な人たちとの対話です。同じ本を読んでも、印象に残る箇所は人によって異なります。他者が線を引いている箇所から学ぶことができれば、学びを加速することができます。

もちろん、そのときには、自分の解釈を加えず、認知の4点セットで相手の経験や価値観を尋ねてください。そこには必ず、新しい発見や学びがあるはずです。

**ポイント**

○ 過去の体験を通して形成されたものの見方をメタ認知し、柔軟な思考を手に入れる。
○ 「驚きや違和感のリフレクション」をアクションに活かす。
○ 認知の4点セットを活用し、「アウト・オブ・ボックス・シンキング」に挑戦する。

# 対話力・傾聴力を高める

認知の4点セットを活用したリフレクションは、対話の基礎力でもあります。

「私が正しくて、あなたが間違っている」という考えを持ちながら相手の話を聴いても、対話にはなりません。自分の評価判断を保留にする聴き方ができることが大前提です。

評価判断を保留にして、相手の意見の背景を聴き取ることで初めて、自分の境界線の外にある学びを自分のものにすることが可能になります。同時に、対話の相手にも学びの機会を提供することができます。


**対話を、コミュニケーションの手段として捉えるだけでなく、学びの手段として捉え、その力を磨いていきましょう。**

## 共感という聴き方

対話では、共感を伴う傾聴がポイントと言われます。ところが、共感を「相手の意見に賛成すること」と誤解している人が多いようです。共感は、相手の意見に賛成することでも、自分の意見を手放すことでもありません。

認知の4点セットで傾聴するときには、相手の意見、相手の経験、相手の感情、相手の大切にしている価値観を聴き取ります。このときに、**相手の考えや感情にも、それなりの理由があるという認識に立つこと、これが共感です。**相手の意見の背景にある経験や感情、価値観に共感することは、あなたが考えを変えることとイコールではありません。

傾聴は、相手との信頼関係の構築にも活用できます。それについては、247ページで詳しく後述します。

対話では、共感という聴き方が、一方通行ではなく、双方向に行われるのが理想です。

お互いに自分の評価判断を保留にして対話ができれば、お互いに学ぶことができます。

残念ながら、自分が対話的アプローチで臨んでも、相手が同じとは限りません。それでも、あなたから対話の実践を始めてください。そして、チャンスがあれば相手にも対話を求めてください。

異なる意見に遭遇したときでも、自分から評価判断を保留にして、「なぜそう思うのですか?」「どのようなご経験があるのですか?」と、まず背景にある経験を聴き取ってみてください。そのメッセージの中には、感情や価値観につながる情報が含まれているはずです。


対話の場で、反対意見に遭遇したら、**あなたの意見に反対している訳ではなく、その人は意見の背景にある大切な価値観を守っているだけ**だということを思い出してください。このことが腑に落ちると、意見の対立も怖くありません。

共感を伴う傾聴を行い、相手が何を大切にしているかを理解できれば、こちら側の説明の仕方を変えることもできます。しかし、相手が自分の意見に反対していると捉えてしまうと、勝ち負けの議論になり、反対意見から学びを得ることができません。

チームで仕事をするときには、意見の違いや対立が生まれて当然です。個性を持つ人が集まるからこそ大きな挑戦ができますが、ただ集まったからといって、斬新なアイディアがすぐに生まれるわけではありません。対話力は、多様性が化学反応を起こすための道具です。多様性を活かすチームづくりにも、ぜひ、対話の実践を導入してください。

## 対立を恐れない

オランダでは、子どもたちは幼児期から対話の練習をしています。オランダの子どもたちの対話力に衝撃を受けた私は、自らの対話力を反省し、オランダのシチズンシップ教育「ピースフルスクール」を日本に普及する活動も始めました。

オランダのシチズンシップ教育で学んだことのひとつが、「民主的な社会は対立を前提にしている」という言葉でした。言われてみれば、確かにその通りです。誰もが自分の意見を持ち、発言することが期待される民主的な社会では、意見が違うのは、当然のことです。

オランダの子どもたちは、小学校（オランダでは、4歳から12歳まで8年間通う）に入学すると、「友だちと意見が違っても、友だちでいてよい」ことを教わります。そして、友だちの意見に、「賛成」「反対」「わからない」のいずれかの意思を表明する責任があることを学びます。同時に、意見を述べる際には理由と事例を添える練習をしているので、4歳の頃から意見の背景にある経験や知識を共有することが期待されます。また、子どもたちは、対話を通して、自分の考えを変えてよいことも教わっています。

オランダの教育事例からもわかるように、リフレクションができるようになると、対話力が磨かれ、対立を恐れない心も育まれます。そもそも自分の意見は、これまでの経験によって形成された価値観を土台にしているのですから、違う経験をしていれば違う価値観が形成され、意見が違っても不思議ではないと思えるようになります。

多様性が化学反応を起こすためには、多様性を顕在化させることが大切です。意見の違いを対立と捉えず、違う意見に出会うことを楽しむ心がなければ、多様性に化学反応を起こすことはできません。そのためにも、対話力を磨いてください。

# 他者の価値観に学ぶ

世界は広く、すべての経験を自分で体験することはできませんが、異なる経験を持っている人の話を聴くことで、学びはどこまでも広がります。相手の経験を感情も含めて味わい、自分がその世界に存在することを想像することも、傾聴力の先にある楽しみです。

直接言葉を交わせる人以外にも、書籍や、テッドトークなどの動画と対話を行うこともできます。

その際のポイントは、**自動制御で情報を入手するのではなく、評価判断を保留にし、相手の世界に共感する傾聴を行うことです。**自動制御で情報を入手しているときには、すでに、あなたの解釈が加わっていて、他者の経験に学ぶことができません。

評価判断を保留にして、相手の世界に入ってみる、相手の経験を追体験してみる、その世界を味わってみる、その世界が大切にしていることを考えてみるなど、想像力を膨らませながらその世界と対話をすることで、著者や講演者の経験とものの見方を自分のものにすることができます。

私自身の経験を例に説明しましょう。経営学の世界は、ビジネスと共に進化します。私自身も、職業柄、常に経営学の新しいアイディアに意識を向けてきました。最近では、「ティール」や「ホラクラシー」という新しい組織論に出会い、他者の経験に学ぶ対話を実践中です。

ティールやホラクラシーは、どちらも上司のいない管理者不在のフラットな組織を提唱しています。初めてこの言葉を知ったときには、「それで、どうやって組織が機能するのか」と、とても驚きました。

ホラクラシーを提唱するブライアン・J・ロバートソンは、自ら何社も会社を起業している経営者で、ホラクラシー憲章を創り、その運営方法を広める活動にも従事しています。そんな彼が来日し、一日研修を開催するというので、私も参加し、「ホラクラシー組織における上司は、人間ではなくパーパス（組織の存在理由）である」「誰もがパーパスとつながっている組織では、一人ひとりのクリエイティブテンションが課題を発見し、解決することができる」ということを教わりました。ホラクラシー組織では誰もが経営者であり、誰もがひとつのパーパスのもと一体となった状態であることは想像できましたが、いざ実践するとなると、どうすればいいのか、という課題が生まれます。

そこで、「管理者のいない組織」について、より理解すべく、日本において10年近くティール組織を実践しているダイヤモンドメディア社の創業者武井浩三氏にお話を伺いました。そのお話を認知の4点セットで傾聴すると、次のようになります。

## 他者の経験から学ぶ聴き方

**意見**　経営者のエゴを排除した経営を実現したいと考えて、経営のあるべき姿を突き詰めていったら、セルフマネジメントを前提にしたフラットな組織になった。

**経験**　ダイヤモンドメディア社を始める以前、別の会社を立ち上げたときには、親友を巻き込み苦労をさせてしまった。自分を信じて大企業を退職し、ベンチャーに参画してくれたが、会社はうまくいかなかった。ダイヤモンドメディア社では、ITを駆使して経営情報を１００％開示することで、全員が意思決定に参画できる環境が整備されている。

**感情**
（自分を信頼して会社に集まってくれた友達に）申し訳ない
（エゴを排除した組織がつくれて）楽しい

**価値観**
良質な意思決定、自己生成する組織

武井さんのお話を「認知の4点セット」で聴くことで、ティール組織をずっと身近なものに感じることができるようになりました。また、組織のトップでも間違うことがあるという事例は、企業経営において定番の課題なので、その点においても共感しました。

このように、自分の解釈を加えず、しっかりと相手の経験や大切にしている価値観まで聴き取ることができると、学びは一層深まります。

## 多様な意見を活かし合意形成をする

「一人の考えで決めるより多様な意見を活かしたほうがよい」という経験を持つ人は、意外に少ないものです。多様な意見が出たあとに、どう収拾をつけてよいのかわからないという人が多いのでしょう。このようなときにも、対話のアプローチが役立ちます。

多様な意見を活かすための対話とはどのようなものか（厳密に言うと、「多様な意見」ではなく「多様な価値観」を活かすためですが）、合意形成の仕方から説明します。

まず、合意形成をするときには、意見の違いに焦点を当てるのではなく、**その意見の背景にある経験と価値観に注目してください。**そうすれば、誰かが一人で決めるよりも多面的な視点が加わり、上質な意思決定が可能になります。

図2―2の事例では、広告会社のAさんと建築会社のBさんが、「どちらの矢印が長いか」という議論をしています。

2つの意見に分かれた背景には、「測定値」と「視覚」という2つの価値観が登場しています。このように、**意見が分かれたら、価値観の違いに注目しましょう。**そして、各々の意見の背景にある価値観が理解できたら、対話の目的に立ち返ります。何のためにこの話し合いをしているのか、何のために合意が必要なのか、**対話の目的についての合意形成を目指します。**

この事例では、対話の目的はポスター作成の議論なのか、建築図面の話なのか、それ以外の何なのか、対話の目的について合意形成を行います。

目的で合意したら、目的に照らして、意見の背景にある価値観に優先順位を付けます。目的がポスター作成であれば視覚を優先して、目的が建築図面なら測定値を優先することになります。

多様な視点を持つ人が集まると、たくさんの意見が出ると収拾がつかなくなると心配になるかもしれませんが、リフレクションと対話ができれば何も恐れる必要はありません。

図2-2 目的に沿った合意形成

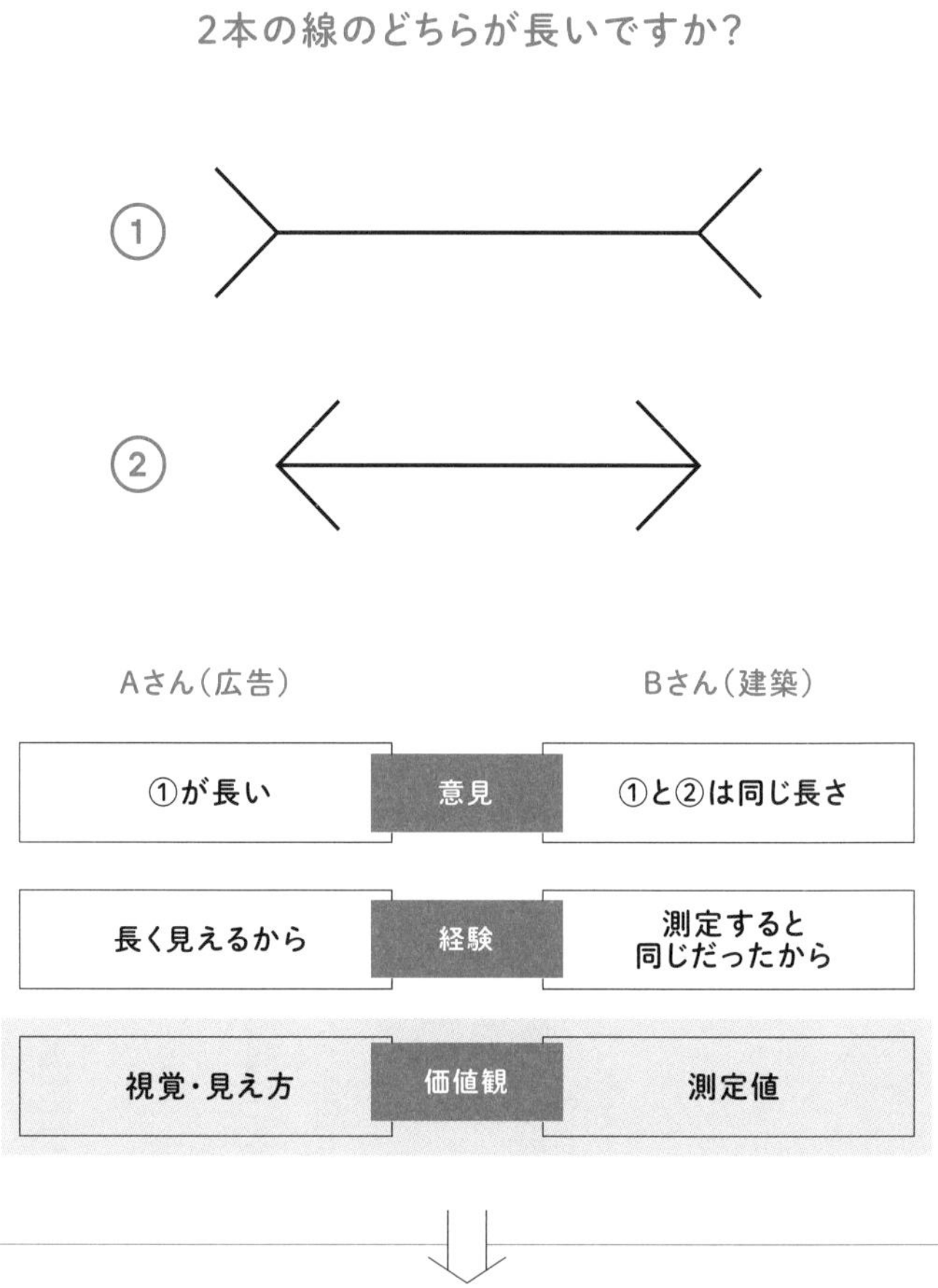


POINT

議論の目的によって、優先される価値観は変わります

ポスターデザインの場合:Aさんの価値観が優先される
建築の設計図の場合:Bさんの価値観が優先される

それでは、実際に合意形成をするためのステップを見ていきましょう。

**合意形成のステップ**

■ステップ1　お互いの意見を、意見、経験、価値観の3点セットで共有する

（合意形成の実践では感情を省略します）

■ステップ2　お互いの意見の背景にある価値観を洗い出しリストにする

価値観が多いほど、意見の違いの背景が理解しやすくなる

■ステップ3　対話の目的について話し合う

■ステップ4　対話の目的が確定したら、目的に照らし価値観の優先順位づけを行う

合意形成に至る

このステップで合意形成をすると、お互いの意見を客観的に眺められるので、異なる意見が出ることがまったく気にならなくなります。また、明らかに各自の思考も深まるので、意思決定の質が変容します。

## ステップ1　価値観の理解

お互いの意見の背景にある価値観の違いを可視化しましょう。

■**歓迎会の提案**

**意　見**　新メンバーが入ったので、チームビルディングのためにバーベキューをやろう。

**経　験**　過去に、新しいメンバーが他者に助けを求めることができず、トラブルを一人で抱え込んでしまって大きなトラブルに発展した。

**価値観**
・すぐに助けを求められる人間関係
・新メンバーを歓迎したい
・トラブルを避けたい
・助け合うチームにしたい
・場所が変わると、仕事以外の話ができる
・居酒屋よりバーベキューのほうが、交流が広がる

■ 反対意見

**意見** 仕事もかなり忙しい中で、週末の時間が奪われることは残念だ。責任のある仕事を通して信頼も、人間関係もつくれる。

**経験** 週末は、家でゆっくりと好きな映画や本を楽しむことにしている。アウトドアはあまり好きではない。仕事で信頼できる人は、自分の仕事に責任を持つ人。仕事での信頼関係は、仕事を通して構築してきた。

**価値観**
- 週末は自分の時間
- 体調管理のために休息が大事
- 気分転換が大事
- 仕事は自己責任
- 人間関係は仕事でつくれる

価値観が多いほど、意見の違いの背景が理解しやすくなります。

背景にある価値観が出そろったら、次に、対話の目的に立ち返りましょう。

### ステップ2　合意形成の目的

価値観の違いを踏まえて、合意形成の目的を定義しましょう。

2人は、バーベキューを実施するか否かではなく、その目的で合意する必要があります。価値観を整理した上で、目的について話し合い**「新人が、必要なときに助けを求められる環境整備／円滑な業務の遂行・トラブルの回避」を合意形成の目的にする**ことにしました。

### ステップ3　優先すべき価値観

目的に合わせて優先すべき価値観を決めます。

「新人が、必要なときに助けを求められる環境整備／円滑な業務の遂行・トラブルの回避」を実現するために、何を行うのかを話し合う前に、価値観の優先順位づけを行います。

話し合いの結果、価値観を、次のように優先付けました。

・新人と既存メンバーがお互いを知る機会
・メンバー一人ひとりが使命を全うする組織
・メンバーのモチベーションの維持
・メンバーのワークライフバランスへの配慮

### ステップ4　合意形成

合意した目的を基に、アイディアを出し合い、価値観の優先順位に基づき評価を行います。

この事例では、オフィスで、ランチを兼ねたチームビルディングＭＴＧを行うことで合意ができました。お互いを知る機会なので、新人のために、みんなが楽しい自己紹介を工夫しようということにもなりました。

WORK

# 意見が対立したときの合意形成をする
## バーベキュー歓迎会の事例

### STEP 1 価値観の理解
**お互いの意見の背景にある価値観の違いを可視化する**

| | 歓迎会の提案 | 反対意見 |
|---|---|---|
| 意見 | 新しいメンバーがやってきたので、チームビルディングのためにバーベキューをやろう。 | 仕事もかなり忙しいなかで、週末の時間が奪われることは残念だ。信頼や人間関係は、責任ある仕事を通して構築することができる。 |
| 経験 | 過去に、新しいメンバーが他者に助けを求められず、トラブルを一人で抱え込んでしまい、大きなトラブルに発展した。 | 週末はいつも家でゆっくり好きな映画や本を楽しむことにしている。アウトドアはあまり好きではない。仕事で信頼できる人は、自分の仕事に責任を持つ人。仕事での信頼関係は、仕事を通して構築してきた。 |
| 価値観 | ・すぐに助けを求められる人間関係<br>・新しいメンバーを歓迎したい<br>・トラブルを避けたい<br>・助け合うチームをつくりたい | ・週末は、自分の時間<br>・気分転換、休息の時間<br>・仕事は自己責任<br>・人間関係は仕事でつくれる |

### STEP 2 合意形成の目的
**価値観の違いを踏まえて、合意形成の目的を定義する**

・新人が、必要なときに助けを求められる環境整備
・円滑な業務の遂行、トラブル回避

### STEP 3 優先すべき価値観
**目的に合わせて優先すべき価値観を決める**

・新人と既存メンバーがお互いを知る機会
・メンバー一人ひとりが使命を全うする組織
・メンバーのモチベーションの維持
・メンバーのワークライフバランスへの配慮

### STEP 4 合意形成
**目的を実現するために、価値観を融合させる**

オフィスで、ランチを兼ねたチームビルディングMTGをする

対話の中でも、合意形成は最もレベルが高いものです。理想は、誰もがお互いの意見や経験、価値観を引き出す力を持っていることです。そのために、認知の4点セットを活用したリフレクションと対話を、誰もが習慣化することをおすすめします。誰もが自分の意見を持ちつつも、評価判断を保留にして、他者の意見をもっと理解しようとする姿勢を持つことで、多様な意見を活かすチームになることができます。

また、合意形成の成功体験を積むことで、「一人で決めるよりみんなで決めたほうが、賢い決断ができる」という信念を、誰もが持てるようになるはずです。そのために、まず、あなたがその実践者となり、みんなを合意形成のプロセスに巻き込んでください。

## ポイント

○ 対話や傾聴の機会には、認知の4点セットで聴き取る。

○ 同僚や仲間と価値観レベルで対話を行い、相互理解と信頼関係を深める。

○ 対話力を活かして他者の経験から学び、新しいものの見方を手に入れる。

○ メンバーの対話力を育み、多様な意見を活かす合意形成ができるチームをつくる。

# 第 3 章

育成編

# 自律型学習者を育てる

# 自走できる部下を育てる

第3章では、部下の育成にリフレクションを活用する方法を紹介します。社会も組織も管理型から自律型に向かっている今、誰もが自律的に学び、成長できることが期待されています。チームや組織の目標達成を導くのは、指示と管理で人を動かすリーダーではなく、**メンバーの自主性を引き出して成長させるリーダーです。**

第1章で紹介した5つのメソッドは、自律型学習者になるためのメソッドでもあります。自分自身が自律型学習者としてのスキルを磨くだけではなく、リーダーシップを発揮し、周囲に自律型学習者を増やすことにも挑戦していきましょう。他者を自律型学習者に育てるスキルを磨くことができれば、自走するチームをつくることもできます。

最近話題の「ティール組織」は、ヒエラルキー構造を持たず、組織のパーパスがボスの代わりを務めるフラットな組織で、誰もが自律的に動くことが当たり前と考えられています。ティール組織では、全員が自律型学習者であるといえます。つまり、自分のチームをティール組織にしたいと考えるなら、メンバーを自律型学習者に育てることが大前提です。

しかし、自律性を引き出すといっても、放置することとは違います。成人発達理論では、子どもだけでなく、大人の成長にも、他者の関与が不可欠とされています。

欧米の企業は長期雇用を前提としたメンバーシップ型ではありませんが、部下育成は管理者の重要な役割のひとつです。先述したアメリカの総合電機メーカーGEでは、CEOを含めてすべての管理者が、30%の時間を人材育成に使います。

以前私がGEのリーダーシップ研修センターに伺ったとき、ちょうどその日が経営幹部候補者の研修日だったようで、当時のCEOジェフリー・イメルト氏が、コーヒーブレイクをしながら参加者と対話している様子を見かけました。なぜこんなところにイメルト氏がいるのか、研修センターの方に聞いてみると「GEでは、当たり前のことです。ジャック・ウェルチの時代から、幹部候補者の研修講師はCEO自らが行います」と教えてくれました。その後、日本GEの代表を務められた安渕聖司氏にリーダーシップの講義を受けたときにも、「育成30％のルール」は徹底されていると伺いました。また、組織図上の名前の横に「何年そこにいるのか」を書き記して、新しい経験を付与できるよう考えるそうです。

優秀なマネジャーの中には、他者を育てるよりも、「自分でやったほうが早い、楽だ」と考え、他者育成を後回しにする人もいます。小さいチームと小さい責任においては、このアプローチが最も生産的かもしれませんが、メンバーの人数が増えて責任の範囲が拡大すると、このアプローチにもやがて限界がやってきます。そうなる前に、一人ひとりと向き合う余裕のあるうちに、自らの育成力を磨くことに時間を投資しましょう。

第3章では、次の7つの観点から、リフレクションの活用方法を紹介します。

■ 主体性を育む
■ 自分の頭で考える力を育む

■期待値で合意する
■経験・感情・価値観を聴き、信頼関係を構築する
■相手の強みを活かし、賞賛する
■成長を支援する
■自分の育成力を高め続ける

リフレクションと対話を繰り返しながら、育成力を磨いてください。

ポイント

○第1章の5つのメソッドを活かし、自走できる自律型人材を育てる。
○リフレクションと対話と繰り返し、育成力を磨く。

# 主体性を育む

主体性という言葉に、どのようなイメージを持たれていますか？

こちらが逐一指示をしなくても期待通りに動いてくれると「主体性がある」、指示をしないと動けない人には「もっと主体的に動いて欲しい」と思いませんか。この場合の主体性とは、「リーダーもしくは組織が期待する役割に対して、自ら考え動くこと」という定義になるでしょう。

しかし、今まで求められていたこの主体性の定義には、満足しないでください。自律型人材に求められるセルフマネジメント力は、このレベルの主体性ではありません。

**本書で育む主体性は、「自らが定めた目的に対するコミットメント」を前提にします。**その目的が、上司や組織の期待を起点としていたとしても、行動に移す前にその目的を自分ごと化することが前提となります。

新しい挑戦がともなう仕事でも、自身のスキルアップに取り組むときにも、「目的を明確にし、仮説を持って行動し、リフレクションして正解に近づく」という学習サイクルを高スピードで回す必要があります。

他者の主体性を育むときには、まず、第1章で紹介した5つの基本を習慣化するためのサポートから始めましょう。

リーダー輩出企業として知られる米自動車メーカーのGEには、「Say Do Ratio」という言葉があります。リーダーは、自らの言動を振り返り、また、他者からフィードバックをもらい、自分の言動が一致していることを確認します。

**人材育成の鉄則は、相手に求める前に、自らがその言動でモデルを示すことです。**その次に、他者にも同じことを求め、同時に組織の文化を期待に合わせることで、誰もがリーダーの求めていることを実践しやすい環境をつくります。

指導を受ける相手が第1章の5つの基本となるリフレクションを身に付けると、次のよ

図3-1 主体性の意思決定範囲

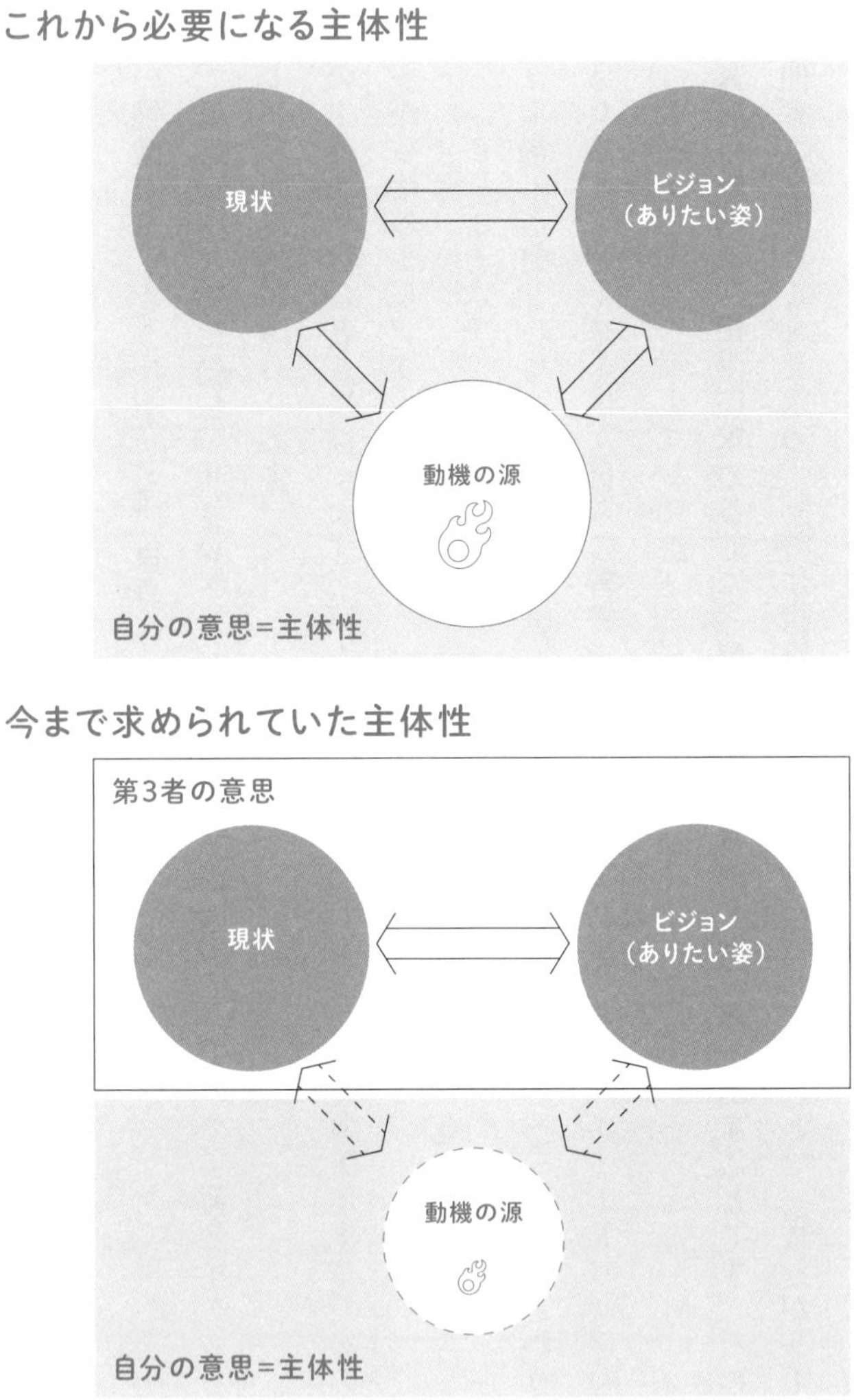

うな成長が期待できます。

■**自分を知るリフレクション**
自分の動機の源を知ることで、目的を定める基礎ができる

■**ビジョンを形成するリフレクション**
動機の源につながる目的を持つことで、ビジョンが形成できる

■**経験から学ぶリフレクション**
ビジョンを実現するために仮説を立てて行動し、経験から学ぶことができる

■**多様な世界から学ぶリフレクション**
未知の課題に取り組むときにも、多様な視点で、創造的な解決策を見出すことができる

■**アンラーンするリフレクション**
過去の成功体験が通用しないときにも、自らの学びを手放し、新たな視点を持つことで、解決策を見出すことができる

5つのメソッドを身につけた人は、自らが定めた目的を実現するために学びます。これ

こそが、これから求められる主体性です。仮説を持って行動するため、経験から学ぶ目的も明確です。このため、彼らは、気づきを得るスピードが速く、指導や育成にも、それほど時間がかかりません。5つのメソッドを自身が活用するだけでなく、メンバーにもインストールし、育成の生産性向上に活かしてください。

育成力を育むというと、指導者側のスキル向上にばかり意識が向いてしまいがちですが、実は、相手の学習力を高めることも、自身の育成力を高める効果をもたらします。第1章で紹介した5つのメソッドを自ら実践し、他者にも、その実践を指導する力を磨いてください。

**ポイント**

- ◯ 自らが定めた目的に向かって行動できる部下を育てる。
- ◯ 5つの基本となるリフレクションを自らが実践するだけでなく、部下も行えるように支援する。

# 自分の頭で考える力を育む

主体性のある人は、自分の頭で考え、行動します。自分の頭で考える人は、「何（What）」を「どのように（How）」からではなく、「なぜ（Why）」から考えることができます。

## 「なぜ（Why）」から考える

「なぜ（Why）」から考える力を磨くときにも、認知の4点セットを活用したリフレクションが役立ちます。認知の4点セットを活用すれば、意見を持つだけでなく、その「理由

（Ｗｈｙ）」にあたる経験、感情、価値観をメタ認知する習慣が身に付きます。また、価値観に注目すれば、判断の尺度となる「なぜ（Ｗｈｙ）」を明らかにすることができます。

指導者として、心がけることは、「なぜ（Ｗｈｙ）」の問いに、意見だけで答えないように促すことです。**なぜそう思うのかを、経験と価値観の観点から尋ねてください**。どのような価値観を大事にしているから、その意見なのか、本人もメタ認知できます。

事例を見てみましょう。相手の「なぜ（Ｗｈｙ）」を引き出すために、認知の４点セットで聴くことを想像しながら、事例を読み進めてください。

## 「なぜ（Ｗｈｙ）」を引き出す

これから始めるプロジェクトを成功させるためには何が大切だと考えているのか、対話をします。

あなたの問い：プロジェクトを成功させるために、**何が**大切だと思いますか？

答え：ビジョンが明確になっていることです。（意見）

あなたの問い：**なぜ**、ビジョンが大切だと思うのですか？（経験、感情、価値観を尋ねる）

答え：以前、優秀なメンバーが集まったプロジェクトが、なかなか思うように進まず、ストレスを感じたこと（経験）があります。そのプロジェクトは、新規事業の企画を目的としていましたが、どんな新規事業を立ち上げることが期待されているのか、何が**成功の評価軸**（価値観）かが決まっておらず、議論を収束することができず辛かった（感情）です。

あなたの問い：その経験から、**なぜ**、ビジョンが大切だと思うようになったのですか？

答え：成功の評価軸が一致していないと、チームで未来を創造することは難しいからです。

あなたの問い：**プロジェクトを成功させるためには明確なビジョンが大切であり、それは、チームが共通の成功の評価軸を持っていること**を意味するのですね。

この対話を、認知の4点セットで整理してみましょう。

**意見** プロジェクトを成功させるためには、ビジョンが明確になっていることが大事。

**経験** 以前、優秀なメンバーが集まったプロジェクトが、なかなか思うように進まず、ストレスを感じた経験がある。そのプロジェクトは、新規事業の企画を目的にしていたが、どんな新規事業を立ち上げることが期待されているのかが、明確でなく、チームで企画を立てるのにとても苦労した。

**感情** 辛い、ストレス

**価値観** 明確なゴール、成功の評価軸

このように、認知の4点セットを活用することで、より深く考える習慣を確立することが可能になります。大切なことは、なぜ（Why）その意見になったのかを、客観視し、吟味する力を育むことです。

意見の背景に強い感情（怒りや悲しみなど）が存在している場合には、感情のメタ認知を支援するためにも認知の4点セットが有効です。

## 意見の背景にある強い感情を、メタ認知させる

意見：プロジェクトメンバーを変更しないと、このままでは、プロジェクトが紛糾すると思います。

あなたの問い：**なぜ**、メンバー変更が必要だと思うのですか？（経験、感情、価値観を尋ねる）

答え：経験の浅いメンバーが多すぎて、僕のコミュニケーションコストがかかりすぎます。計画を立てても、その意味がわからないメンバーが数名いて、説明する時間が無駄に思えます。その時間を開発にあてられれば、もっとプロジェクトを前に進めることができるのに。

あなたの問い：このリフレクションを通して、自分の気持ちについてどんな気づきがありましたか？（経験、感情、価値観を尋ねる）

答え：開発スケジュールが遅れ気味なことで、ストレスを感じています。自分一人ならもっと前に進めるのに、無能なメンバーに足を引っ張られている感じがします。

あなたの問い：ストレスの原因（なぜ）を、整理してもらえますか？
答え：開発スケジュールが遅れていること。自分の持つ能力をフルに活かせていないこと。その原因が、無能なメンバーであること。

あなたの問い：このリフレクションを経て、冒頭の自分の意見（メンバーを変えないとプロジェクトが紛糾する）についてどう思いますか？
答え：このメンバーで行うのであれば、当初の開発スケジュールを現実的なものにする必要があります。おそらく、メンバーを変えても、僕が指導に当たらなければならない状況は変わらないとすれば、そのほうが現実的かもしれません。

この対話を、認知の４点セットで整理してみましょう。

**意見**　プロジェクトメンバーを変更しないと、このままではプロジェクトが紛糾する。

**経験**　経験の浅いメンバーが多すぎて、コミュニケーションコストがかかりすぎる。計画を立てても、その意味がわからないメンバーが数人いて、説明する時間が無駄に思える。その時間を開発にあてられれば、もっとプロジェクトを前に進めることができるのにと感じている。

**感情**　（開発スケジュールが遅れて）イライラ、（自分の能力をフルに活かすことができず）残念

**価値観**　スピード、納期厳守、能力を活かし貢献する

認知の4点セットを活用したリフレクションを繰り返し実践すると、**「私はなぜそう考えるのか」と自問する習慣**が確立し、メタ認知力や深い思考力が磨かれます。その結果、判断力も身に付きます。

意見を聴く際には、「なぜ（Why）」を問い、意見の背景についても聴き取る習慣を持ち、自分の頭で考えるように促していきましょう。

## 自ら率先して「なぜ（Why）」を伝える

アメリカのコンサルタントであるサイモン・シネックは、「偉大なリーダーは、なぜ（Why）を語る」と述べ、「なぜ（Why）」「何（What）」「どのように（How）」の3つを表すゴールデンサークル理論を紹介し、その代表的な事例として、スティーブ・ジョブスのスピーチを挙げています。

ジョブスが新製品発表会で語るのは、製品の仕様ではなく、「なぜ（Why）iPhoneが、この世の中に存在するのか、iPhoneが私たちの人生にど

図3-2　ゴールデン・サークル

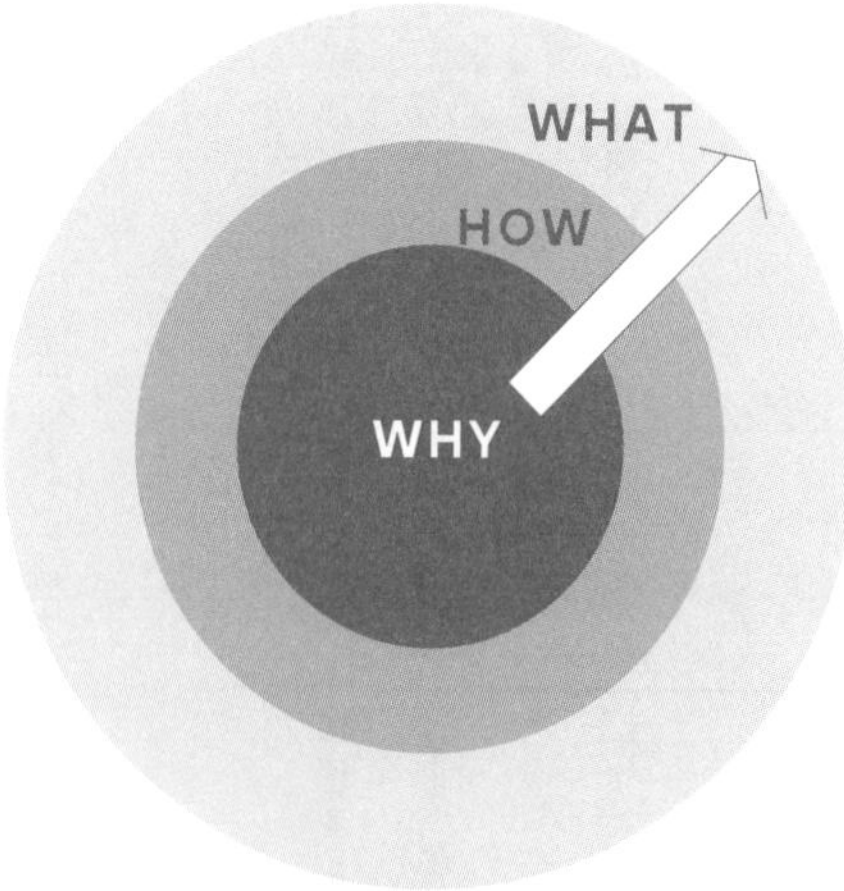


参考：『FIND YOUR WHY あなたとチームを強くするシンプルな方法』（ディスカヴァー刊）

のような変化をもたらすのか」ということでした。

ゴールデン・サークルは、偉大なリーダーがビジョンを語る手法でもありますが、部下の主体性を育むためのコミュニケーションにも活かせるフレームワークです。部下に「何（What）をどのように（How）やるのか」のみを伝えるような指示の出し方は、部下の主体性を育む機会を奪っている可能性があります。指示を出すときにも、「なぜ（Why）」を明らかにして伝えましょう。

また、あなたが指示を受ける側であれば、「何（What）をどのように（How）やるのか」のみを確認するのではなく、「なぜ（Why）」を理解した上で仕事に取り組むようにしてください。

## 主体性を育む指示の出し方

部下に指示を出すときには、「なぜ（Why）」「何（What）」「どのように（How）」の順に伝えましょう。営業準備の指示の場合は、次のようになります。

■**なぜ（Why）**

○○業界でトップシェアを獲得するために、業界1位のX顧客への導入実績は不可欠であるため、周到な営業準備を行いたい。

■**何（What）**

X顧客に営業に行く準備をしてください。

■**どのように（How）**

過去の営業履歴、導入実績を調べて欲しい。事業戦略などの情報で、顧客ニーズに関わる情報を集めて欲しい。

「何（What）をどのように（How）やるのか」のみを伝えた場合と、「なぜ（Why）」から伝えた場合では、どちらのほうが準備に力が入るでしょうか？　違いは明白です。

また、指示を出すときだけではなく、自分の判断を伝えるときにも「なぜ（Why）」を語ることで、部下の判断力を育むことができます。

判断力を育む伝え方

例として、次の新人研修のお題の方針を伝えるとき、どのように伝えるとよいでしょうか。

A案：事業部の紹介映像を作成する

B案：事業部の10年後の姿を紙芝居にする

■ **あなたの結論だけを伝えた場合**

今回は、B案でいこう。

■ **あなたの結論と「なぜ（Why）」を認知の4点セットで伝えた場合**

**意見** 今回は、B案でいこうと思う。

**経験** 昨年は、事業部研究をパワーポイントにまとめて発表してもらった。優秀な新人は、プロ同様の資料を作成できる。ただ、そこには、自分のアイディアを盛り込もうという考えはなく、誰が作成しても似たような成果物になってしまった。

**感情** 残念だった。

**価値観**　新人に取り組んで欲しいことは、**自分の思いや考えをアウトプットすること**だ。

判断の理由を認知の4点セットで説明をすれば、部下は「B案に決定されたのは、自分の想いや考えをアウトプットすることを大切にするためで、たまたまその手段に紙芝居が選ばれた」ということを理解できるでしょう。

自分の考えの背景にある価値観を明確に伝えることは、部下が判断軸を持つための支援につながります。判断軸が揃うと、チームのベクトルも同じ方向に向きやすくなるので、チーム力を高める効果もあります。

コミュニケーションにおいて、いつも必ず4点すべてを伝えなくてはいけない、ということはありません。状況に合わせて、4点、3点、2点セットを使い分けてください。

- 4点セット【意見】【経験】【感情】【価値観】
- 3点セット【意見】【経験】【価値観】
- 2点セット【意見】【経験】

図3-3　認知の４点セットの使い分け

### 4点セット 意見・経験・感情・価値観

| | |
|---|---|
| 意見 | 意見 |
| 経験 | その意見に関連する過去の経験（知っていることも含む）は何ですか。 |
| 感情 | その経験には、どのような感情が紐づいていますか。 |
| 価値観 | そこから見えてくるあなたが大切にしている価値観は何ですか。 |

POINT　自分の内面をメタ認知したいとき、
他者に共感する傾聴を行いたいときに

### 3点セット 意見・経験・価値観

| | |
|---|---|
| 意見 | 意見 |
| 経験 | その意見に関連する過去の経験（知っていることも含む）は何ですか。 |
| 価値観 | そこから見えてくるあなたが大切にしている価値観は何ですか。 |

POINT　物事を決めるとき、他者の意見を
正しく理解したいときに

### 2点セット 意見・経験

| | |
|---|---|
| 意見 | 意見 |
| 経験 | その意見に関連する過去の経験（知っていることも含む）は何ですか。 |

POINT　意見を伝えるときの
最低限のセット

ポイント

○ 部下に、「なぜ（Why）」を問いかけ、意見のみではなく、背景となる経験と価値観を尋ねる。

○ 指示を出すときにも、「何（What）」を「どのように（How）」だけでなく、「なぜ（Why）」を伝える。

○ 「なぜそう考えるのか」と自問する習慣を促進し、部下のメタ認知力と深い思考力を育む。

# 期待値で合意する

業務でゴールを達成できると、やりがいや自信につながります。ゴール達成は、周囲からの信頼や評価を得るためにも大切なことでしょう。

そのためには、誰もが**自分のゴール（使命）を正しく理解する**必要があります。ゴールが明確になっていなくては、リフレクションをすることもできません。

部下が、任せた仕事に対して期待通りの動きをしていないときには、様々な理由が考えられます。本人の経験や能力と、期待されている仕事にギャップがあるのかもしれません。

しかし、意外に多いのは、**伝えたつもり、理解したつもりで仕事を始めてしまう、スタートからの期待値のずれ**ではないでしょうか。

部下が自信満々に「できました」と報告に来たときに、「これ、頼んだこととは違う……」とがっかりした経験はありませんか。

期待値がずれてしまう背景には、「解釈のずれ」があります。部下が解釈に用いる経験と価値観は、あなたと同じとは限りません。その結果、「伝えたつもり」「理解したつもり」で、仕事を進めてしまいます。これから紹介するSMART（スマート）ゴールは、認知の4点セットを使いながら取り組むことで、解釈のずれを少なくすることができます。

SMARTゴールは、5つの英語の頭文字を表しています。

■ **S　SPECIFIC**（具体的な目標）目標を具体的にすることです。

■ **M　MEASURABLE**（測定可能）成功の評価軸を明確にすることです。

■ **A　ACHIEVABLE**（達成可能でかつチャレンジのある目標）本人の経験と能力に照らし、妥当なチャレンジであることを明確にします。

■ **R　RELEVANT**（組織のニーズとのつながり）顧客や組織のニーズに応える意義のあるミッションであることです。組織のビジョン、戦略、方針などとの関係性を説明します。Rを語ることで、部下が組織目線を持ち、視座を高める効果も期待できます。

■ **TIME**（時間軸、スケジュール）、スケジュールが明確になっていることです。

SMARTゴールの中でも、具体的に目標を伝えることや、納期を明確にすることは、誰もが当たり前に実践できているでしょう。

一方、MEASURABLE（測定可能）、ACHIEVABLE（達成可能でかつチャレンジのある目標）、RELEVANT（組織のニーズとのつながり）の3つに触れる習慣はあまりないのではないでしょうか。

特に、自律的学習者として動くときの重要な指針となるのは、成功の評価軸です。測定するべき成功の評価軸には、定量的な軸だけではなく、定性的な軸も含まれます。

営業であれば数値目標の設定は簡単ですが、たとえば事務の仕事などは定量的な目標設定が難しく、測定可能な評価軸を設定することができないと思われるかもしれません。

その場合は、定性的に質の評価軸を設定することができます。資料作成であれば、前回の資料と同じクオリティを期待するというのも、評価軸になります。

クオリティの定義が曖昧であると感じたら、分析の粒度や情報量、フォーマット、ページ数など、お互いの認識を一致させるために分解して考えていきましょう。

成功の評価軸を設定する際にも、認知の4点セットで、自分の意見の背景にある判断の尺度（価値観）を言語化するスキルが役に立ちます。理想の姿（意見）を、具体的な経験に当てはめて、自分の心（感情）が満たされる条件（価値観）を洗い出すことで、成功の評価軸の候補を洗い出すことができます。

大切なことは、成果物を前にしたときに、双方の満足度が一致していることです。「本人が満足しているのに、あなただけが不満」という状態は、期待値が一致していないために生まれた結果です。部下が期待通りの成果を上げるために、期待値のずれをなくしていきましょう。

最も避けたいのは、目標が曖昧で、努力の結果が成果につながらない不毛なチャレンジに、部下やメンバーを巻き込むことです。当然、その努力は誰からも評価されることはありません。不毛なチャレンジは、成長にもつながらず、モチベーションを下げるだけの結

## WORK SMARTゴールで仕事を任せる

部下に会議の準備を依頼するシーンを例に、期待値のずれが生じない SMART ゴールの使い方を解説します。

### SMARTゴールの例

| | |
|---|---|
| SPECIFIC<br>(具体的な目標) | 顧客のX社に営業に行く準備会議を行うので、<br>その会議で、提案内容を固められるように必要な<br>情報収集を行い、基礎データと提案内容を資料にまとめて、<br>会議の準備を行って欲しい。 |
| MEASURABLE<br>(測定可能) | 以下の資料を準備して欲しい。<br>・過去の営業履歴、導入実績の情報<br>・過去の導入実績が、彼らの事業戦略に与えた付加価値<br>・最新の事業戦略と、わが社の新サービス導入がもたらす価値提案に関する仮説 |
| ACHIEVABLE<br>(達成可能でかつチャレンジのある目標) | X社は、業界No.1の企業なので<br>目標額も大きくチャレンジな仕事だが、<br>Y社に関しては同様の準備を行った経験があるので、<br>達成可能なチャレンジである。 |
| RELEVANT<br>(組織のニーズとのつながり) | 新サービスの業界での導入が成功するか否かは、<br>X顧客の受注獲得にかかっているので、<br>わが社にとって、戦略的な顧客への営業活動となる。 |
| TIME<br>(時間軸、スケジュール) | 本営業に関する会議を来週木曜日の15時から行うので、<br>それまでに準備を進めて欲しい。 |

果となります。

取り組む仕事について、成功の評価軸を明確にする思考習慣は、部下の主体的な行動を支えます。

誰もが、期待される成果を理解した上で、行動する環境をつくるために、SMARTゴールを活かし、期待値マネジメントに取り組んでください。

**ポイント**

- ○「解釈のずれ」を避けるために、認知の4点セットで相手の理解を確認する。
- ○SMARTゴールを共通言語にすることで、部下と期待値を一致させる。
- ○期待値を一致させるために、成功の評価軸（定量的なものでも、定性的なものでもよい）を最初に決める。

# 経験・感情・価値観を聴き取り、信頼関係を構築する

育成力を発揮するためには、育成する相手との信頼関係を構築する必要があります。そのために必要なのが、聴く力です。

多くの人が、相互理解を深めるために時間を投資し、話を聴く努力をしています。1on1の機会を定期的に設けている人もいることでしょう。ところが、なかなか相互理解が深まらず、時間が足りないと嘆く声をよく聞きます。実際、相互理解を深めるコミュニケーションには時間がかかると感じているのではないでしょうか。

相手の話を聴くときにも、認知の4点セットが役に立ちます。

「あなたはどう思っているのか」と意見だけを聴くのではなく、その背景となる経験や感

情、価値観を聴き取ることで、スピーディに相手を知ることができるのです。

人の話を聴くとき、多くの人が「相手の意見」に意識を集中させています。そして、その意見を理解するために、自分の経験と価値観を当てはめ、一生懸命、自分の解釈を加えながら、理解を深めようと努力しています。この聴き方を、永遠に続けていても、相手を理解することはできません。

それでは、自分の解釈に当てはめて聴くとどのようなことになるか、例を見てみましょう。

### ×自分の解釈で聴く

**相手の意見**：このチャレンジには意味がないと思います。

**あなたの解釈**：チャレンジから逃げたいのかな？　人生に、意味のないチャレンジなんてないのに。楽なことだけやりたいのかな。自分にも、同じような考えが頭に浮かんだことがあった。でも、そこを我慢すれば、成長につなげることができた。

このように、相手のたった一言の意見しか聴かずに自分に当てはめて解釈しても、相手の真意はわかりません。認知の4点セットで聴いてみると、どのような考えがあってその発言に至ったか、深く知ることができます。

## ○認知の4点セットで聴く

**なぜ（Why）そう思うのかを尋ね、経験、感情、価値観を聴き取りましょう。**

### ■相手の認知の4点セット

**意見**　このチャレンジには意味がないと思います。

**経験**　チームメンバーの中には、すでにこのチャレンジを経験した○○さんがいて、彼がどんどん推し進めてくれます。彼が自らやってしまうので、結局、僕のチャレンジになりません。

**感情**　残念、悔しい

**価値観**　チャレンジを通して成長したい

4点セットで聴き取る前には「チャレンジから逃げたいのかな」と解釈をしていましたが、実際には「チャレンジを通して成長したい」と思っていることが明らかになります。他者の話を自分の解釈で理解することは、とても危険なことなのです。相手のことを本当に知りたいのであれば、認知の4点セットで聴き取るようにしましょう。

## 共感を伴う傾聴をする

共感を伴う傾聴を行うことは、相手に賛同することではありません。

相手の話を4点セットで傾聴すれば、相手がどのような経験をしたのか、その経験をどのように意味づけているのかを聴き取ることができます。また、「何を大事にしているから、そう考えているのか」についても、知ることができます。

**この一連の情報に耳を傾け、相手の世界を理解することが、共感を伴う傾聴です。**

人は同じ経験をしても、その経験を同じように意味づける訳ではなく、そのときに感じる気持ちも様々です。

共感を伴う傾聴を実践するときには、**相手の考えや気持ちに対して評価判断を加えないことが重要です。**傾聴しても賛同する必要はなく、自分の解釈を加えず、相手が何を考え、どのような気持ちなのかを正しく聴き取る、ただそれだけです。

あくまでも、相手の考えを、その背景を含めて正しく理解することがゴールです。正しく聴き取った上で、どう判断するのかは、その次の段階で考えればよいのです。

最も避けるべきことは、自分の解釈だけで相手の考えを理解したつもりになり、自分の解釈を頼りに判断を下すことです。

先ほどの事例で、「このチャレンジには意味がない」という部下の言葉に、もしあなたが「楽をしたいのかな」という解釈に基づき、「もう少し頑張ってごらん」と話を終えると、どのような結果になるでしょうか。想像してみてください。

あなたが部下に与えたはずのチャレンジは他のメンバーが引き受けていて、部下はチャレンジの機会を得ていないという事実を知ることはできません。

部下の真意を理解することができなかったあなたは、「このチャレンジに意味がない」という言葉を聴いて、部下に対する評価を下げてしまうかもしれません。

認知の4点セットで傾聴することは、相手が感情的になっているときにも有効です。認知の4点セットがあれば、相手の負の感情が自分に与える影響もメタ認知できるので、相手の話を冷静に聴くこともできます。

認知の4点セットで話を聴き取り、感情とその背景にある価値観を理解することができたら、そのことを相手に伝えましょう。聴いてもらっただけで、気持ちが楽になるというメカニズムは誰にでもあるものです。

意見、経験、感情、価値観を聴き出すことで、なぜ感情的になっているのか、どのような価値観が満たされていないことがネガティブな感情とつながっているのか、相手がメタ認知する支援にもなります。メタ認知することができると、冷静に次のアクションを考えることも可能になります。

## 無意識の偏見に気づく

無意識の偏見は、ジェンダーをはじめとする多様性に対して用いられることが多いですが、誰かに対して、「この人は、○○に違いない」と強い思い込みを持つときにも、無意識の偏見が存在します。

私たちは、様々な人間関係の中で経験を重ね、他人に対するものの見方を形成しています。たとえば、部下育成がうまくできなかった経験を持つ人は、人を育てること自体に価値を見出せなくなり、「人が成長する可能性を信じられない」と思うかもしれません。あるいは、ある人との苦い経験を通して「こんな発言をする人は、信用できない」「こんな行動を取る人は、いい加減な人に違いない」と思うこともあるかもしれません。

私たちは、一旦強い固定観念が形成されると、常にそのレンズを通して世の中を眺めてしまう特性を持っています。その結果、固定観念は無意識の偏見となり、あなたが他者との人間関係を構築する際に弊害となってしまうことがあります。

誰かに対してネガティブな気持ちを抱いているとき、そこにはどのような無意識の偏見があるのでしょうか。

自分が相手に対して持っているイメージや評価について、2度のリフレクションを行うことで、無意識の偏見に気づくことができます。

1回目のリフレクションは、ネガティブな気持ちを抱いている相手についての自分自身の意見をリフレクションします。2回目のリフレクションは、ネガティブな意見の背景にある価値観（ものの見方）について行います。2回リフレクションを行うことで、無意識の偏見が、どのように形成されたのかをメタ認知することができるようになります。

## 無意識の偏見に気づくリフレクション

### 1回目のリフレクション

相手に抱いているネガティブな意見をひとつ選び、認知の4点セットで振り返ります。

**意　見**　この人が、成功することが期待できない。

**経験** せっかく、失敗体験を持ったのに、そこから学んだ様子がない。
**感情** がっかり
**価値観** 成功する人は、失敗を学びに変える

## ■ 2回目のリフレクション

1回目のリフレクションで明らかになった価値観（ものの見方）を意見に置いて、もう一度、リフレクションを行います。

**意見** 失敗を学びに変えられない人は、成功しない。
**経験** 過去にメンターとして指導していた相手が、何度も同じ失敗を繰り返し、失敗から学ぶことができなかった。3年間面倒を見たが、これ以上関わっても無駄だと思ったので、メンターを辞めた。
**感情** 残念
**価値観** 学びが未来を切り開く

1回目のリフレクションを通して、「この人は成功できない」というあなたの意見の背景には、「成功する人は、失敗を学びに変える」という価値観（ものの見方）があることに気づくことができました。

2回目のリフレクションでは、この価値観（ものの見方）が、どのような経験を通して形成されたのかを確認します。2回目に見えてきたのは、3年間期待をかけ続けた相手を成功に導くことができなかった、苦い経験です。それは、「学びが未来を切り開く」というあなたが大切にしている価値観が裏切られた経験でもありました。このため、失敗から学べない人に出会うと、重大な出来事だと認識し、「この人は成功できない」と思い込んでしまいます。

こんなふうに、**私たちは、過去の経験に基づく判断基準を、様々な場面で無意識に使っています**。特に他者との関係においては、無意識の偏見となり、あなたの育成力を削ぐ要因になることもあります。

そうならないためにも、育てたい相手に対してネガティブなイメージや評価を持ったときにはリフレクションを最低2回繰り返し、無意識の偏見をメタ認知できるようにしていきましょう。

## 心理的安全性を高める

学びの環境には、心理的安全性が不可欠であると言われます。

心理的安全性とは、失敗しても、馬鹿にされたり、だめな人間と評価されたりする恐れのない環境のことです。

心理的安全性のある環境があれば、人は、失敗を恐れず、チャレンジすることができます。大きなゴールに向かってチャレンジする経験は、成長には不可欠なものです。成長につながるチャレンジを奨励するのであれば、心理的に安全な環境づくりを心がけてください。

**心理的安全性が確保された環境でリフレクションを行えば、「ゴールに向かうための失敗は成功の源であり、成長の過程である」という実感を誰もが持つことができるはずです。**

大切なことは、成功からも失敗からも学び、未来の行動に活かすことです。

心理的安全性を実現するためには、職場における人間関係にも、意識を向ける必要があります。

『謙虚なコンサルティング』（英治出版刊）の著者エドガー・H・シャインは、人間関係にもレベルがあると言います。

■ レベルマイナス1　まったく人間味のない、支配と強制の関係
■ レベル1　単なる業務上の関係
■ レベル2　個人として信頼し合う関係
■ レベル3　より親密度の高いレベル2の関係

これまでの組織では、レベル1の「単なる職務上の関係」が、職場での人間関係の常識でした。しかし、今日の組織では、レベル2の「個人として信頼し合う関係」が期待されています。人間が、より人間らしく、職場でも人間関係をつくることができることで、心理的安全性も高まり、個人もチームもパフォーマンスを高めることが可能になります。

本書で紹介する「認知の4点セット」を活用したコミュニケーションや、「経験から学ぶ

リフレクション（86ページ）」には、心理的安全性を高める効果があります。誰もがオープンに自分の考えや気持ち、価値観を共有できると、お互いを深く知ることができ、安心して一緒にいることができます。また、誰かがオープンに失敗を振り返る様子を聴くことで、心理的に安全な場であることを実感できます。お互いの経験から学ぶことに価値を見出せれば、経験の振り返りを共有することを、リスクではなく、学びの共有と捉えることができます。

心理的安全な環境は、チャレンジを促進し、誰もが、多様性を活かす職場を実現する上でも欠かせません。第4章では、チームづくりの観点から、心理的安全について、さらに詳しく紹介します。

## ポイント

○誤解を避けるために、認知の4点セットで相手の話を聴く。

○感情的になっている相手と向き合うときは、より丁寧に感情を聴き取り、共感していることを伝える。

○無意識の偏見は人間関係の阻害要因になるので、2度のリフレクションで自分の偏見をメタ認知する。

○経験から学ぶリフレクションや認知の4点セットを部下に共有することで、心理的安全性が高い環境をつくる。

# 相手の強みを引き出し、褒める

自分の強みを活かして活躍することができると、やりがいと貢献実感が得られることは、誰もが経験していることでしょう。

ところが、自分の強みを知ることは、想像以上に難しいことです。なぜなら、**得意なことは、自分にとっては楽なことなので、できて当たり前と考えてしまい、それが特別なことであることに気づけない**からです。

このため、他者からのフィードバックを得ることや、他流試合など、自分を知る機会をつくることがとても大切になります。ストレングスファインダーや、ＭＢＴＩ等の検査ツールを使うのも効果的かもしれません。

ここでは、部下が自分の強みを自覚するための、効果的な褒め方を紹介します。

褒めるメリットは、部下が自分の長所を知り、さらにその長所を伸ばしてくれることだけではありません。強みを褒めることで、改善を必要とするところにも目を向けやすくなり、成長を促進する効果もあるのです。

## ネガティブフィードバックの5倍褒める

褒めることと、ネガティブなフィードバックの割合には、理想の比率があることをご存知でしょうか。

マーシャル・ロサダ博士が生み出したことで知られる心理学の法則（通称ロサダの法則）では、ポジティブな評価3に対してネガティブな評価1が理想と言われています。

その理由は、ネガティブなフィードバックのほうが、ポジティブなメッセージよりも、3倍大きく心の中に記憶されるからだそうです。

もしあなたが、ネガティブとポジティブなフィードバックを1：1で伝えている場合、相手の心は、「あの人は、いつもネガティブなフィードバックをする」と認識し、あなたのフィードバックに心を閉ざしてしまう可能性があります。

そのため、効果的にネガティブなフィードバックを届けたければ、3回褒めておきなさいという訳です。褒め貯金は、育成の生産性を上げる鍵を握っているということが、おわかりいただけたでしょうか。

数年前に、「ポジティブ・コーチング・アライアンス（PCA）」の創立者、ジム・トンプソン氏が来日した際に、講演を聴く機会がありました。PCAは、元スタンフォード大学MBA教授ジム・トンプソン氏によって1998年に設立された、スポーツコーチを育成するNPO法人です。

PCAでは**「誠実で具体的なプラス評価5回に対し、建設的なマイナス評価を1回する」**のが、もっとも効果のある「マジックレシオ（比率）」だと解説していたのが、とても印象的でした。

ジム・トンプソンが考案した「勝つこと」と「人間的成長を促すこと」の両方を目指す「ダ

ブル・ゴール・コーチング法」は、現在３５００の団体（学校やスポーツクラブ、スポーツ施設等）に導入され、プログラムに参加した学生は１９００万人を超えています。

全米で高い評価を得ている「ユース・スポーツ・コーチ法」では、ロサダの法則の３：１よりも多く褒めることを奨励しています。みなさんも、ＰＣＡの「マジックレシオ」に学び、５：１を理想に掲げ、３：１の割合で、褒めることを必達目標にしてください。

褒めるときにも、コツがあります。誰

図3-4　ポジティブ・コーチング・アライアンス

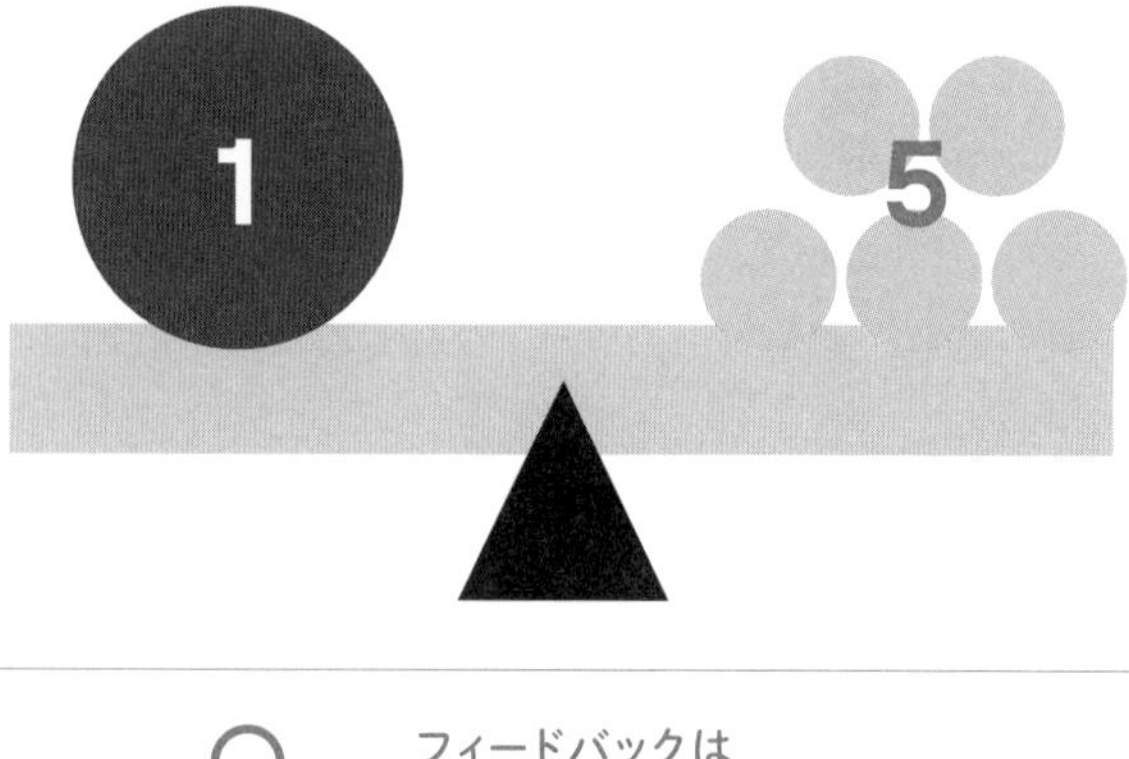


POINT

フィードバックは
ネガティブ1：ポジティブ5

かを褒めるときにも、認知の4点セットを使えば、あなたの気持ちをしっかりと伝えることができます。

みなさんは、何を褒められると一番うれしいでしょうか？　乗っている車ですか。営業成績で表彰されたことですか。それとも、あなたの誠実さや思いやりですか。

一般的に私たちは、**人柄を褒められることが一番うれしい**と言われています。先ほど挙げた中では、「誠実さ」や「思いやり」がそれに当たります。その次に、業績。最後が持ち物です。

もちろん、人によって個人差はあると思いますが、いずれにしても、それがお世辞ではないという証拠を持って褒めることが大切です。

「創造性が素晴らしい！」と言うだけではなく、「あなたがブレストに参加すると、みんなの脳が刺激されるのか、いつもよりもたくさんアイディアが出てくるんだ」と具体的な事実を添えて褒めることで、あなたの真意が伝わります。

## 認知の4点セットを使って褒める

**意見** Aさんの創造性は素晴らしい！

**経験** Aさんがブレストに参加すると、Aさんの発想に刺激されて、みんなもどんどん意見を出すことができるよ。突拍子のない案もウェルカムな雰囲気になり、みんなで意見を出し合うことが楽しい。先日、Aさんのいない会議でブレストをしたとき、自分もAさんのようにアイディアを出そうと頑張ったが、なかなかうまくいかなかった。

**感情** （Aさんとブレストをやると）楽しい（Aさんのいないブレストは）残念

**価値観** アイディアをどんどん膨らませることができる創造性（はチームに必要な力だ）

# 褒めるところがなくても、小さな事実を探して褒める

3：1、あるいは5：1で褒めることを奨励すると、「褒めるところがない人については、どうすればよいですか」と相談を受けます。特に、「ネガティブなフィードバックをたくさ

ん伝えなければならない人については、褒めるところを探すのが難しい」というのが、多くの人に共通する悩みです。

そんなときには、**小さな事実を見つけて褒める**ことに挑戦してみてください。「褒めるところがない」という考えが頭に浮かんだら、ものの見方を切り替える必要があります。自分の内面を認知の4点セットで振り返り、良いところを見つけるためのものの見方を自分の中にインストールしてください。

たとえば、大きな声の持ち主なら「元気な声で聴き取りやすい」と伝え、持ち物にこだわっているならペンやノートを褒めるなど、趣味でもなんでもよいので、褒める事柄を探してみてください。

褒めるところが見つけられないときのリフレクション

■ステップ1：現在のものの見方をメタ認知する

**意見**　**褒めるところがない**

**経験**　業績目標を達成するためには、いつも他のメンバーがBさんの分まで頑張らないといけない。

**感情**　残念、憂鬱

**価値観**　業績目標の達成、結果責任、エクセレンスの追求

ステップ1では、褒めるところが見つけられない理由が明確になりました。ステップ2では、業績目標を達成する上で課題があることに意識を向けるのではなく、それ以外の領域に、何か褒めることがないかを探してみましょう。このとき、感情をコントロールし、評価判断を保留にすることがポイントです。

■ステップ2：褒めることを探す

**意見**　**褒めるところを探そう**

**経験**　業績目標が未達でも、いつも明るくて元気。ユーモアのセンスもあるし、イベントを企画させたら天下一品だ。

**感情**　なごやか

**価値観**　ポジティブ思考、明るいこと、元気なこと、楽しいこと

私たちの脳は、ある事柄を「課題である」と認識すると、その課題に関連する情報を知覚しやすくなります。このため、頭の中でその課題はどんどん膨張していってしまいます。「褒めることがない」と感じている人に対しても、同様にあなたの中で課題認識が膨らんでいるはずです。あなたが迷惑を被っていたとしたら、感情の働きも加わって、さらに課題が大きなものになりやすいです。

そんなときでも、自分の思考と感情をメタ認知し、評価判断を保留にすることができれば、必ず相手の良いところが見つけられるはずです。

ここまでくると、他者育成は修行のようなものです。ストレスを乗り越えることで、他者育成の生産性は高まります。

褒めるところを探すには、相手に意識を向ける必要があります。褒め貯金は、ネガティブなフィードバックを効果的に伝えるために必要なものです。まずはあなたの期待に応えている部下を褒める機会を増やしてください。そして、評価の低い部下に対しても、感情をコントロールし、評価判断を保留にして、褒めるところを探してみてください。褒めることが上手になると、育成の生産性を高めることが可能になります。

ポイント

- 得意なことは自分では気づきづらいので、強みを活かし貢献している様子を伝え、部下が自分の強みを客観視できるようサポートする。
- 認知の4点セットを活用し、褒めたいことを効果的に伝える。
- ポジティブなフィードバックと、ネガティブなフィードバックの割合は、3対1（上級者は5対1）を心がける。
- 「褒めることがない」と感じる相手にも、感情をコントロールし、評価判断を保留にして、褒めることを見つける。

# 成長を支援する

先述したように、成人発達理論では、どんなに優秀な人でも、成長には他者のサポートが必要であると示しています。

優秀な人は自ら成長することができるので、自分の成長に他者のサポートは必要ないと考えている人も多いと思います。しかし、どんなに優秀な人も、他者のサポートを得ることで、もっと大きく成長できる可能性を秘めているのです。

カート・フィッシャーによって提唱された「ダイナミックスキル理論」という成人発達理論では、私たちの成長の可能性は、2つに分かれると言います。

ひとつは「最適レベルの成長」で、もうひとつは「機能レベルの成長」です。最適レベルの成長は、他者の支援を通して得られる成長で、機能レベルの成長は、他者の支援がないときの成長です。

自走人材と呼ばれる優秀な人たちの多くは、人に育ててもらった記憶がないと言います。その結果、彼らの多くは、「人は自ら育つもので、他人に育ててもらうのではない」と考えています。

しかし、下の図からわかるように、上司をはじめとする他者の支援によって成長の幅は広がります。

部下育成に取り組む際には、これから紹介するフィードバックを取り入れながら、成長の支援を行いましょう。

**図3-5 カート・フィッシャーのダイナミックスキル理論**

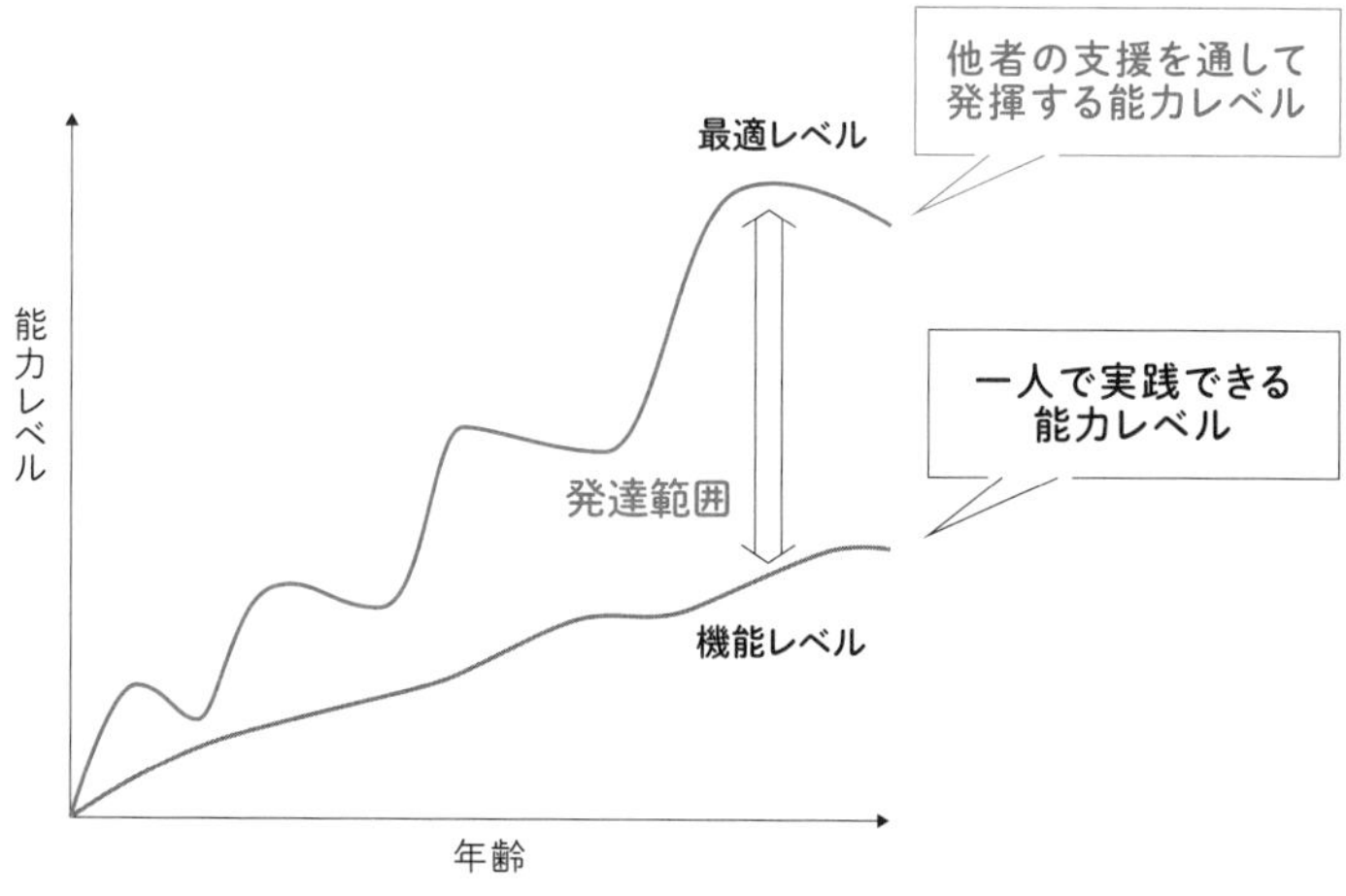


参考:『成人発達理論による能力の成長』(日本能率協会マネジメントセンター刊)

## 的を射たフィードバックをする

人材育成のためには、じっくりと時間をかけて話をすることが大事だと考える人が多いものです。しかし、時間をかければ育成効果が上がる、ということでもないようです。

以前、GAFA企業が世界共通で実施するリーダーシップ研修を日本法人向けに実施したことがあります。

そのプログラムの中に、「優秀なリーダーが一人の部下のフィードバックにかける時間は、年間たったの20分」という解説がありました。

その秘密は、上司の的を射たフィードバックと、フィードバックを受け取る部下のリフレクション力にあります。部下のリフレクション力を高める方法については、すでに第1章で紹介しているので、ここでは、フィードバックの質を高める方法を中心に解説します。

フィードバックの質を高めるために、最初にやらなければならないのは、**自分の部下に**

**対する評価をメタ認知することです。**効果的なフィードバックを行うためには、あなたが知覚（目撃、経験）した事実と、あなたの部下に対する評価を切り分けて客観視する必要があります。

## ×自分の解釈をフィードバックする

■**あなたが知覚（目撃、経験）した事実**

3回続けて、期限通りに資料が提出されない。毎回、注意すると、「すみませんでした」と謝るのに、次も、遅れてしまう。この状態が、繰り返されている。

■**あなたの部下に対する評価**

仕事のスピードが遅い

あなたが知覚した事実について、あなたは「仕事のスピードが遅い」と解釈しました。

あなたが知覚した事実には、「仕事のスピードが遅い」以外にも、色々な解釈が考えられます。たとえば、責任感がない、私の指示を軽視している、仕事ができない、頼りない、などです。

多くの人は、「仕事のスピードが遅いから、スピードをアップして欲しい」と、自分の解釈をそのままフィードバックします。しかし、残念ながら、解釈を伝えるフィードバックは、あまり効果がありません。なぜなら、それは事実に対するあなたの解釈であって、受け手が同じように事実を捉えているとは限らないからです。

特に、期待値がずれている相手にあなたの解釈をフィードバックしても、意図が届く可能性は非常に低いです。その結果、あなたがフィードバックに費やした時間は、無駄になってしまいます。

では、何をフィードバックすれば、育成につながるのでしょうか。先ほどの事例で、考えてみましょう。

## ◯ 事実をフィードバックする

### ■ ステップ1　自分の感情のリフレクション

まずは、フィードバックについて冷静に考えるために、自分自身の感情のリフレクションから始めます。**フィードバックに感情を持ち込むと、フィードバックの効果が下がる**ので、まずは冷静な自分になるよう努めましょう。

**意　見**　いつも期限を過ぎて資料を提出するのをやめて欲しい。

**経　験**　3回続けて、期限通りに資料が提出されない。
「あの資料どうなっているの?」と尋ねると、提出する。
注意すると、毎回「すみませんでした」と謝るのに、次も遅れてしまう。
この状態が、繰り返されている。

**感　情**　イライラ

**価値観**　納期厳守、約束、信頼、責任、社会人の基礎、まじめさリフレクションをすることで、自分が何にイライラしているのかがわかります。部下の行動は、自分が大切にしている価値観（納期厳守、約束、信頼、責任、社会人の基礎、まじめさ）すべてに反するものなので、イライラするのも当然です。

自分の感情をメタ認知したら、感情を落ち着かせ、評価判断を保留にして、冷静に、フィードバックの準備を行いましょう。

### ■ステップ2　フィードバックの準備

相手の行動、その結果、理想の行動の3点セットで伝えます。

**相手の行動**　**相手の行動を、具体的な事実として伝えます。**

「先日依頼した○○という資料に関しては、納期を2月3日と約束していましたが、○○さんが資料を提出したのは、2月5日でした」

**その結果**　**その行動の結果を説明します。**

「2日遅れて資料を提出したことで、その資料をもとに企画書を作成しようとしていたメンバーは予定していた作業ができず、資料が届いてから作業を始めたため、残業を強いられてしまいました。あなたが納期を守らないことで、メンバーの計画がずれてしまい、メンバーは残業をしなければならなくなりました」

一般的なフィードバックでは、結果を伝えることを忘れがちですが、実は、**結果を伝えることは、相手の行動の間違いを証明するためにとても重要なこと**です。

**理想の行動　理想の行動を伝えます。**

「納期は厳守すること。どうしても間に合いそうにないときには、事前に相手に納期の変更を相談するか、誰かの協力を得るなどして、納期を守る方法を考えることが大切」

このように、**フィードバックは、できごとについての記憶が薄れる前に、行うことが理想**です。先ほどの事例では、すでに複数のできごとが起きているので、ひとつずつ振り返ってみましょう。

**実際の行動**

・資料を約束の期限に遅れて提出した
・その後も、3回続けて、資料を約束の期限に遅れて提出した
・謝ってくれたが、次も遅れた

**その結果**

・資料を約束の期限に遅れて提出した
→**私が、お客様に謝った**
・その後も、3回続けて、資料を約束の期限に遅れて提出した
→**そのことに気づいた私が納期を前倒しで伝えておいたので、問題は起きなかった。この段階で、部下に期待することを諦めた**
・謝ってくれたのだが、次も遅れた
→**私が、頭にきた**

この振り返りを通して、「最初の納期遅れを自分で解決してしまったことが、状況をさらに悪化させてしまった」ということに気づきます。

本来は、最初に資料を遅れて提出した直後にフィードバックを行う必要がありました。「一度なら様子を見よう」とか「ネガティブなフィードバックはできるだけ避けたい」などと思わずに、課題を発見したら、記憶の残っているうちに、しっかりと伝えるようにしてください。

もう一度、先ほどの事例に戻ります。もし、時間を巻き戻せるなら、最初に資料の提出が遅れた直後にどのようなフィードバックをすればよかったのでしょうか。

## 課題を発見してすぐにフィードバックする

**実際の行動（事実）**

君が資料を提出したのは、本来の納期の2日後だった。

**結果**

私がお客様に謝った。良い関係だったので、私が謝るだけで許してもらえた。

**理想の行動**

納期厳守が大事。資料の提出は、納期を守るようにしてほしい。何かの事情で遅れそうなら、早めに情報共有して欲しい。

フィードバックをしたら、次は部下がリフレクションを行う番です。なぜ、納期を守れなかったのかについても、様々な理由が考えられます。

たとえば、納期の認識がずれていたとか、お客様が急いでいないことを知っていたとか、他の仕事を優先させていたとか、あるいは、資料づくりに悩みがあったのかもしれません。

その理由は、相手に聞かなければわかりません。理由には、単純な場合もあれば、「どうやっていいのかわからない」などのように、問題解決を要する場合もあります。**本人のリフレクションに耳を傾け、状況を確認しましょう。**経験を振り返る必要があるときには、対話を通して、リフレクションの支援を行ってください。

# フォーマルなフィードバックを身につける

先ほどまでは簡易的なフィードバックのステップを紹介しましたが、ここではフォーマルなフィードバックの仕方について説明します。

常にフォーマルなフィードバックを実施する必要はありませんが、この流れを頭に入れておくと、効果的にフィードバックを行うことができます。

**1　話し合うテーマを共有する**

いつの、どのような出来事についての話し合いなのかを明確にします。

2人が経験した出来事をテーマにリフレクションを行うことがポイントです。

**2　本人の自己認識（良い点・改善点）を共有する**

本人が、リフレクションを通して、その出来事をどのように認識しているのかを尋ね、フィードバックする内容を決めます。

## ■3　本人の自己認識を育成者の言葉で要約し、認識を共有する

相手の自己認識を自分がどう理解したのか伝え、お互いの認識を一致させます。このとき、自分が聴き取ったことを、認知の4点セットで整理して伝えると、確認しやすくなります。

## ■4　良い点をフィードバックする

ネガティブなフィードバックを受け入れやすくするために、ポジティブなメッセージを伝えます。認知の4点セットを活用し、褒める対象となる出来事をメタ認知することで、効果的に伝えることができます。

## ■5　改善点をフィードバックする

話し合いの目的でもある、改善を求めるフィードバックを伝えます。277ページを参考に、伝えたいメッセージを「実際の行動」「行動の結果」「理想の行動」の3点セットで効果的に伝えましょう。

## 6　フィードバックに対するリフレクションと、相互理解の対話を持つ

フィードバックについてのリフレクションを相手に求め、対話を通して次の3点に対する認識を一致させ、課題解決の道を模索します。

・理想の行動になららなかった原因（期待値のずれ、知識・経験不足など）
・実際の行動とその結果との因果関係
・実際の行動と理想の行動のギャップ

部下と理解を一致させるためには、部下の意見のみではなく、その背景となる経験や価値観まで聴き取ることが大切です。特に、「理想の行動にならなかった原因」は、部下本人にしかわからないことなので、しっかりとリフレクションを促す必要があります。その原因が、部下の思い込みにある場合も、意外に多いものです。「行動を変えられない理由を探る（81ページ）」リフレクションを促し、行動の前提にある仮説も確認しましょう。

■ 7　**合意したことを整理する**

対話の中で、合意したことを整理します。

■ 8　**アクションプランを構築する**

行動を改善するために必要なアクションプランを立てます。

■ 9　**期待値に対する相互理解を確認する**

どのような状況になることを目指し、どのようなアクションプランを実行するのかについて合意します。

■ 10　**フォローアップスケジュールを決める**

話し合いで決めた行動の改善が確実なものになるために、状況を確認するタイミングを決めます。

■ 11　**謝辞を述べて終了する**

## 図3-6 フォーマルなフィードバックの流れ

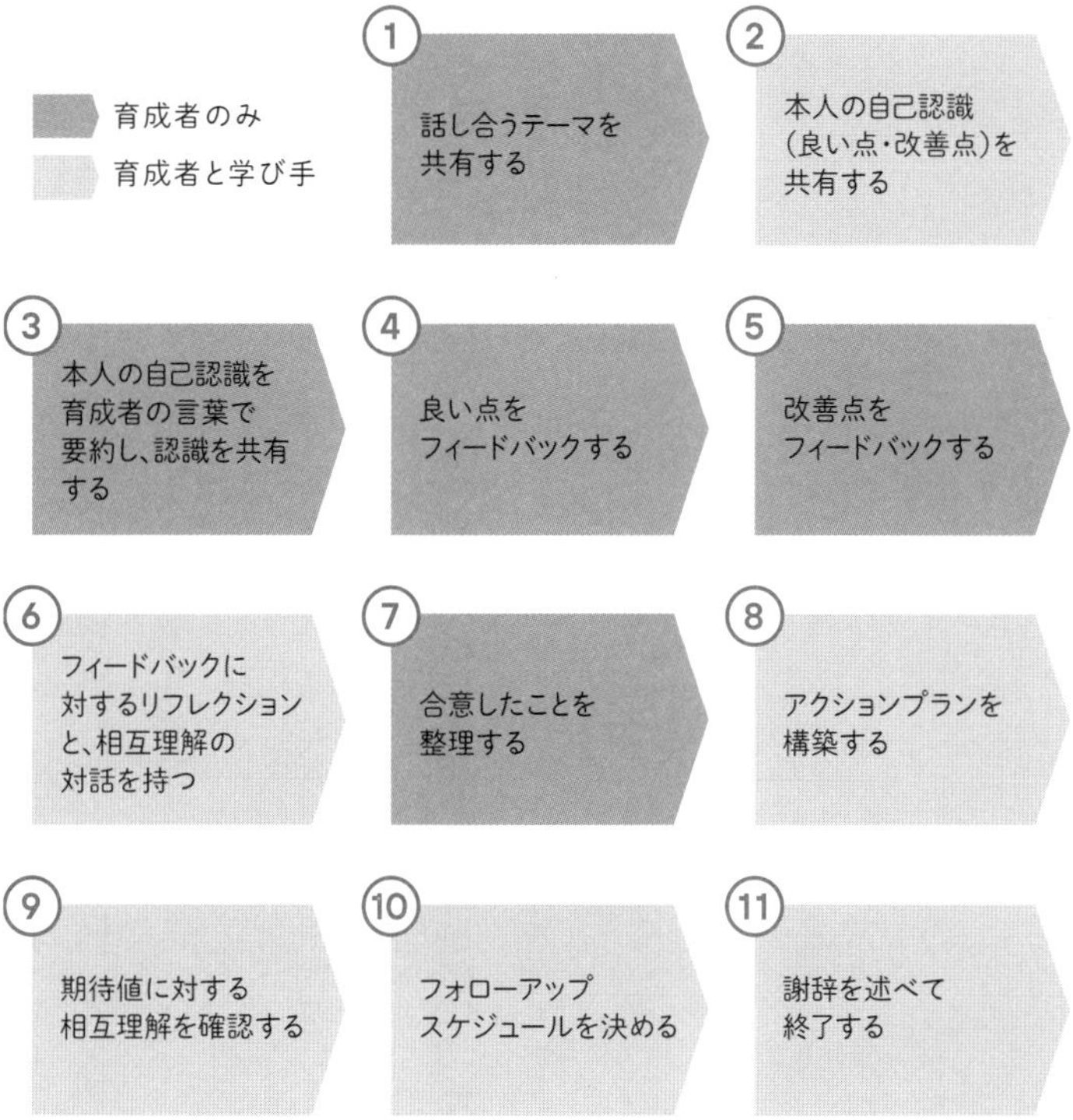
育成者のみ
育成者と学び手
1 話し合うテーマを共有する
2 本人の自己認識（良い点・改善点）を共有する
3 本人の自己認識を育成者の言葉で要約し、認識を共有する
4 良い点をフィードバックする
5 改善点をフィードバックする
6 フィードバックに対するリフレクションと、相互理解の対話を持つ
7 合意したことを整理する
8 アクションプランを構築する
9 期待値に対する相互理解を確認する
10 フォローアップスケジュールを決める
11 謝辞を述べて終了する

POINT

フィードバックは「渡して終わり」にするのではなく、
対話とリフレクションを通して認識を一致させましょう。

誠実に話し合いに参加してくれたことや、改善に向かう前向きな姿勢を評価し、お礼とエールを伝えます。「支援が必要なときには、フォローアップスケジュールを待たずに声をかけて欲しい」とサポートの姿勢を見せます。

表面的に認識できる課題は同じでも、その原因は人や状況によって異なります。部下の課題（期待と現実のギャップ）を見つけると、私たちは、すぐに能力のせいにしてしまいがちですが、**強い思い込みやこだわりが阻害要因となり、大事なことに気づけていない**ことも意外に多いものです。リフレクションと対話を通して、課題解決の道を見出してください。

ポイント

○フィードバックを伝える前に、認知の4点セットで事実（目撃したこと、経験したこと）をメタ認知する。

○フィードバックは、相手の行動、その結果、理想の行動の3点セットで伝える。

○フィードバックを伝えたあとに、対話を通して、部下のリフレクションを支援する。

○フォーマルなフィードバックの流れを頭に入れ、インフォーマルなフィードバックの機会にも活かす。

# 自分の育成力を高め続ける

よき指導者になるために、自身の指導をリフレクションするのも忘れないでください。リフレクションには、4つのレベルがあることは77ページでご紹介しました。レベル1は、結果や出来事のリフレクション、レベル2は、他者や環境のリフレクション、レベル3は、自分の行動のリフレクション、レベル4は、自分の内面のリフレクションです。

大きな変化を期待するときには、自分自身の内面を振り返るレベル4のリフレクションが大切であることは、すでに解説した通りです。他者を指導しているときでも、この掟に変わりはありません。**ところが、他者を指導している人は、レベル1と2のリフレクションに終始してしまいがちです。**

指導している相手の課題を見つけることや、指導によって、その人がどう成長したのかに意識が向いているため、指導に当たっている自分の行動や内面を振り返ることを忘れてしまいます。

よい指導を行うために、その人を観察し、その人の現状や変化を把握することはとても大切なことです。しかし、もし、相手に変化が見られないときや、成長が感じられないときには、レベル3と4のリフレクションを行い、**あなた自身の行動や内面を振り返ることが、良い指導を行うために必要になります。**

### ×レベル1・2　結果や出来事、他者や環境のリフレクション

**意見**　部下の生産性が上がらない。

**経験**　人間的には魅力があるが、仕事が遅い。特に最近は、チーム全体が忙しくなり、誰もが生産性を上げる努力をしている。その中で彼だけがこれまで通りのペースで仕事をしているので、改善を求めているが、なかなか変化が見られない。

**感情**　悩ましい

**価値観** 進化、生産性、協力

× レベル3　自分の行動のリフレクション

**意　見** 彼の生産性を上げて欲しいとこちらの要望を伝えた。

**経　験** 仕事量が増え、みんな生産性を上げるために努力をしていることを説明し、もう少し要領よく仕事をするよう努力して欲しいと伝えた。本人は、元気に「わかりました」と答えてくれたので、わかってくれたと思っていた。しかし、その後も、彼の仕事の仕方に特に変化がなく、仕事のスピードも上がっていない。

**感　情** 悩ましい

**価値観** 進化、生産性、協力

○ レベル4　自分の内面のリフレクション

**意　見** 彼以外のみんなはこれまで以上の仕事量をこなしてくれている。特に何かを伝えた訳でも、生産性向上のための方法を教えた訳でもない。彼にも、生産性を上げて欲しいと伝えれば、きっとできるはずだ。

**経験** 他の人たちは、仕事量が増える中でも、お客様への対応を確実なものにするためにお互いに協力し進めてくれている。感謝やねぎらいの言葉をかけているが、とくに「生産性を上げて欲しい」と頼まなくても、みんな自主的に考えて動いている。

**感情** みんなが主体的に動いてくれて）ありがたい（彼の仕事ぶりが変わらず）残念

**価値観** 主体性、状況対応力

自分の内面のリフレクションをしてみると、「状況に気づけば、彼も他の人と同じようにすぐに対応してくれるだろう」という考えが前提にあることが明らかになりました。しかし、実際にはうまくいかなかったので、この仮説が外れたことを意味しています。

このように、指導に当たっても結果が出ないときには、**相手の課題に焦点を当てるだけでなく、自分の選択した指導方法と、その前提にある内面を振り返る**ことがポイントです。

特に、その指導方法を選んだ背景になる「こうすればうまくいく」という仮説を理解することが、指導方法を改善するときに、とても大切になります。
先ほどの事例では、指導者は、「伝えればできるはず」という仮説を持っていました。その前提には、他の人は、言わなくてもやってくれているという成功体験があります。ところが、伝えただけでは効果がなかったので、この前提が対象者には通用しなかったということになります。

行動の振り返りを通して、「もしかすると、伝え方が不明瞭だったかもしれない」と気づいたのなら、今度は一方的に伝えるだけではなく、相手がどのように理解したのかを自分の言葉で話してもらうようにすることもできます。このように自分の行動と内面を振り返り、次の打ち手を考えることは、部下育成に対するアプローチの幅を広げることにつながります。

部下育成の難しさは、人間の多様性にあります。同じ言葉をかけても全員がモチベートされるわけではありません。また、同じメッセージを伝えても、こちらの意図を理解してくれる人と、そうでない人がいます。

育成の場面においても、認知の4点セットをコミュニケーションに活用し、相互理解が一致している状況を確立するようにしましょう。一番残念なことは、伝えたと思ったことが、部下に伝わっていないために、指導の効果が出ないことです。自分の指導についても、レベル3と4のリフレクションを行うことで、指導の効果を高め続けてください。

## 失敗体験に支配されない

指導において、もうひとつ大切なリフレクションがあります。それは、**失敗体験を手放すリフレクション**です。

指導に当たっていると、何度同じことを伝えても、なかなか変わることができない人に遭遇することがあります。みなさんも、経験があるのではないでしょうか。

### 失敗体験のリフレクション

**意見** ○○さんは、いつも時間を守れない。
**経験** 何度も注意しているのに、必ず会議が始まる時間を過ぎてから着席する。
**感情** イライラ
**価値観** 時間厳守、自己成長

このような人を指導していると、指導する側にも、不満が溜まります。何度伝えても会議に遅れてくる人に対して、言葉では「遅れないように」と注意をしていても、心のどこかで「どうせ、また遅れるだろう」と、あきらめている。やがて伝えても無駄だと思うようになり、「遅れないように」と伝えることもやめてしまう。そんな経験はありませんか？

この状態を○○さんの立場から見ると、「遅れないように」と言われなくなったことで、「少しぐらい会議に遅れてもよい」と許可をもらったという認識になります。

あなたの我慢やあきらめは、相手の立場から見ると、許可を与えたことになるということを、しっかりと認識してください。**改善を求めることを途中であきらめて手放すことは、部下に、「改善しなくてよい」という許可を与えていることと同じです。**

自分の中に「あきらめ」が生まれたら、レベル3、4のリフレクションを行い、真っさらな気持ちで、○○さんと向き合ってください。

過去の失敗体験を引きずって「どうせ言ったところで、この人は変わらない」というマインドで関わっていては、相手を変えることは不可能です。

その人が変わるかどうかは、その人が決めることなので、たとえ昨日まで遅刻の常習犯だとしても、「明日も変わらない」とあなたに決める権利はありません。このように書きながらも、私の経験を重ね合わせると簡単なことではないことは十分承知しています。

しかし、あきらめの心を持ちながら相手に改善を促しても、効果はあまり期待できません。「この人は、いつも○○だ」という考えが、頭によぎったら要注意です。過去の経験を手放し、評価判断を保留にして、指導に当たるようにしてください。

人によっては、「他者を成長させることができなかった」という過去の経験を手放すことができず、誰に対しても成長を期待することができなかったり、育成に意味がないと言ったりする人もいます。

**失敗体験による思い込みに支配されてしまいそうなときには、ぜひ、周囲の成功者の話に耳を傾けてみてください。**他者を成長させること、他者を成功に導くことは、他者を幸せにする行為です。また、組織の一員を育てているのであれば、組織の競争力を高め、お客様を喜ばせる行為にもつながっているはずです。

指導した部下がどんどん成長すれば、育成することが楽しくなります。自分の指導を振り返り、部下育成の成功法則をたくさん持つリーダーになってください。

**ポイント**

- ○指導に当たっても結果が出ないときには、相手の課題に焦点を当てるだけでなく、自分の選択した指導方法と、その前提にある内面を振り返る。
- ○「この人は、いつも○○だ」という考えが頭によぎったら要注意。過去の経験を手放し、評価判断を保留にして、指導に当たる。

# 第4章

## チーム編

# コラボレーションする

# パーパス・ビジョン・バリュー

第3章では、部下育成にリフレクションを活用する方法を紹介しました。第4章では対象を広げ、リフレクションを「チームづくり」に活かす方法を解説していきます。

強いチームは、メンバー一人ひとりの主体性を活かし、同時に同じ方向に向かって進んでいくことができます。そのために欠かせないチームの土台となるパーパス、ビジョン、バリューについて説明します。

- パーパス：組織の存在理由
- ビジョン：組織の目指す北極星、目標となるゴールの姿
- バリュー：パーパスとビジョンを実現する上で大切にしたい価値観

パーパス、ビジョン、バリューは、いずれも、目に見えない抽象的なものですが、チームをつくる上で、とても重要な役割を果たします。

この3つが明文化され共有されていることで、メンバー一人ひとりが、自分がどこに立っていて、どこに向かっているのか、自分は行動する上で何を大切にするのかを理解した上で、自ら考え行動することが可能になります。パーパス、ビジョン、バリューを自分ごとにするために必要なのが、リフレクションです。

パーパス、ビジョン、バリューを浸透させるために、リフレクションのメソッドをどう活かせばよいのかを、パーパスから順番に紹介します。

## パーパス

何のために我々は存在するのか。この問いの重要性が増しています。

これまで企業の存在理由は、売上や利益、ROEといった数値目標を達成することだと考えられていました。しかし今日では、収益を上げるだけではなく、持続可能な経済の発展に寄与することが期待されています。

株式市場においても、環境（Environment）、社会（Social）、ガバナンス（Governance）の3つの視点で投資評価を行うESG投資や、国連の掲げる持続可能開発目標SDGsに注目が集まっています。

これは企業だけの話ではありません。企業で働く人々の意識にも変化が見られます。私たちの中に、仕事を通して、経済的豊かさを実現するとともに、社会に貢献する意味のある仕事をしたいという思いが芽生え始めています。

まだすべての企業が、ESGやSDGsに取り組んでいるわけではありませんが、10年、20年のスパンで過去を振り返れば、私たちのものの見方が大きく変化していることに気づくことができます。

前提となる企業活動の存在理由が問い直される中で、改めて、組織のパーパスを問い直すことには重要な意味があります。

パーパスを探求するためには、たくさんの問いかけができます。我々は、何のために存在しているのか。お客様にどのような価値を提供しているのか。社会に対してどのような価値を提供するのか。どのような未来を創造することに寄与しているのか。そして、そのすべてが、人類のウェルビーイングにどのような役割を果たしているのか。
そんな中でも私が最も気に入っているのは、次の問いです。

**あなたの組織がこの地球から消えてしまったら、この世界は何を失いますか?**

これが、パーパスを探求する究極の問いではないかと思います。

パーパスは、定義することがそのゴールではありません。組織のパーパスは、メンバー一人ひとりの心の中に存在することで初めて、本来の役割を果たすことができます。
パーパスは同じでも、そのパーパスを実現したい理由は、一人ひとり違います。
自分が大事にしていることと、パーパスを結び付けることができれば、簡単に、パーパスを自分ごとにすることができます。このため、パーパスを、誰もが自分ごと化する組織をつくる際にも、第1章で紹介した自分を知るリフレクションが役立ちます。

このように話していると、よく「全員がパーパスを自分ごと化する必要はなく、経営層のパーパスになっていればよいのではないか」という質問を受けます。しかし、本当にそうでしょうか。パーパスは、すべての活動に紐づいていなければ「偽物」です。パーパスを、誰もが自分ごと化している組織では、パーパスは、全ての行動に指針を与えます。パーパスを自分ごと化している人は、自らの行動をリフレクションする際に、パーパスとの整合性を確認することができます。この状態になれば、パーパスは、お題目ではなく、本当に、組織に存在していると言えます。

## 組織のパーパスを自分ごと化するリフレクション

**意見**

組織のパーパスは、あなたにとってどのような意味を持ちますか？

なぜ、あなたにとって大切なのですか？

あなたの動機の源とどのように結びついていますか？

**経験**　その意見の背景にはどのような経験がありますか？

**感情**　その経験には、どのような感情が紐づいていますか？

**価値観**　そこから見えてくる、あなたが大切にしていることは何ですか？

ここまでは、組織にすでにパーパスが存在していることを前提に解説しています。これからパーパスを決めようと考えている方は、次のリフレクションを活用してください。

## 組織のパーパスを創るリフレクション

**意見**　**あなたの組織がこの地球から消えてしまったら、この世界は何を失いますか？**

**経験**　その意見の背景にはどのような経験がありますか？

**感情**　その経験には、どのような感情が紐づいていますか？

**価値観**　そこから見えてくる、あなたが大切にしていることは何ですか？

メンバーが、リフレクションと対話を通して生み出すパーパスは、最強です。認知の4

点セットを活用し、メンバー全員にリフレクションを行ってもらいましょう。

メンバーの「経験」には、パーパスのヒントとなる原体験が含まれているはずです。対話を通して、メンバーの原体験の中にある「核となるもの」を見つけ出してください。

他者の経験を知ることで、組織の活動を多様な立場や角度から捉えることができます。みんながリフレクションを共有すると、経験は違っていても共通している「なにか」が存在することを見出すことができるはずです。

メンバーの意見を認知の4点セットで共有すると、みんなが経験を通して実感している組織の魅力や働く意義を知ることができます。このリフレクションの過程で、すでに、パーパスの自分ごと化は始まっているのです。

パーパスが完成したら、改めて、304ページの「組織のパーパスを自分ごと化するリフレクション」に戻り、そのパーパスがなぜ自分にとって大切なのかを、認知の4点セットを活用し、メンバーと共にリフレクションしてください。

## ビジョン

ビジョンは、未来のありたい姿です。同じ北極星を目指し、一人ひとりが自らの使命を担う組織は強いです。よいビジョンは、みんなの心を一つにすることができます。また、その達成が明確に定義付けされているので、ビジョンが具現化したことを、みんなで喜ぶこともできます。理想のチームには、ビジョンの存在が欠かせません。

シリコンバレーで経営チームにコンサルティングを行うパトリック・レンシオーニは、その著書『あなたのチームは、機能してますか?』（翔泳社刊）で、優れたチームには、5つの機能があると述べています。

アメリカを訪れたときに、著者の講演を聴く機会があり、「優秀なメンバーを揃えているのに機能していない経営チームは、共通の特徴がある」と語っていたのがとても印象的でした。本書も、理想のチームの姿に、この理論を取り入れています。

**機能しているチームの条件（レンシオーニの理論を参考に作成）**

■ **信頼関係の確立**　お互いに信頼する関係性ができている。

■ **自然な対立**　メンバーが、遠慮することなく、異なる意見を出し合える。

■ **コミットする姿勢**　メンバーは、決定事項や行動計画に対してコミットしている。

■ **実行に対する責任感**　一人ひとりが計画の実行に対して責任を持っている。

■ **結果の達成**　チーム全体の結果の達成に注意が払われている。

この条件のひとつ、「結果の達成」には、ビジョンの存在が欠かせません。

レンシオーニは、優れたチームのメンバーは、自分の役割にコミットするだけでなく、「チーム全体の結果に対して、自分が責任を持っている」という感覚を持ち、行動していると言います。

そのためには、誰もがチーム全体のビジョンとありたい姿のギャップを常に意識する必要があります。

大きなビジョンを掲げて走り出すと、必ずと言ってよいほど、大きな壁が目の前に現れます。このとき、「ビジョンが見えない」という言葉を口にし始める人もいるでしょう。

ビジョンには何も変更を加えていないのにもかかわらず、「ビジョンが見えない」のは、ビジョンに到達する道筋が見えないと感じたときです。この声に注意を払ってください。メンバーの誰かが、壁の前で行き詰まっている可能性が高いです。

「ビジョンが見えない」という声が聞こえてきたときこそ、リフレクションのタイミングです。

リフレクションを通して、今何が起きているのか俯瞰することで、メンバーが何を課題だと考えているのかが明らかになります。また、メンバーの内面は、今、どのような状態なのかも把握することができます。リフレクションを共有したあとは、冷静に、解決すべき課題について議論を進めてください。

自分の力では壁を乗り越えられないとき、もっとも楽な方法が、ビジョンをあきらめ、手放すことです。メンバーがビジョンの実現をあきらめないように、メンバーをサポートし育成することも忘れないでください。

ビジョンはアクション目標とは異なり、方向性を指し示すものなので、常に曖昧さが残ります。このため、チームメンバーとの対話による解釈のすり合わせも大切です。その方法については、316ページの「ビジョンを浸透させる」で詳しく解説します。

## バリュー（組織文化）

バリューとは、組織のメンバー全員がパーパスとビジョンを実現する上で大切にすることです。バリューは、人々のすべての言動に反映され、その結果、バリューは組織文化を形づくります。

時代の変化に合わせてバリューをアップデートし続けているGEでは、リーンスタートアップをモデルに、「試すことで学び勝利につなげる（Learn and Adapt to Win）」を新たにバリューに加えています。

GEでは、バリューがアップデートされると、リーダーも自らの行動様式をアップデートすることが掟となっており、リーダーには、バリューの手本を示すことが期待されています。また、リーダーは部下育成の指針にバリューを活用するため、あっという間に新しい行動様式に基づく文化をつくりあげることができます。

リフレクションは、バリューに基づく文化をつくるときにも、重要な役割を果たします。誰もが、自らの行動を振り返り、バリューとのずれをメタ認知できれば、みんなで理想の文化をつくり、育むことができます。

組織文化は目に見えないため、捉えどころがなく、意図的に築き上げることが難しいと思う人が多いかもしれませんが、それは大きな誤解です。また、そんな誤解をしている人も、間違いなく所属している組織の文化づくりの一役を担っています。

文化は、5つの要素の一貫性でできています。5つの要素とは、理念（バリュー）、行動、態度、思考、感情です。文化づくりでは、一人ひとりが5つの要素の一貫性を実現することと、組織全体の一貫性を築き上げることを目指します。そのためにも、リフレクションが欠かせません。

## ▒ **価値観（理念）を軸とした5つの一貫性**

◎一貫性のある事例

**理念**　心理的安全性が高いチームにしたい
**行動**　成功も失敗も、オープンに振り返る
**態度**　お互いの学びと成長を尊重する
**思考**　リフレクションから多くの学びが得られる問いを考える
**感情**　学び合うことに喜びを感じる

△一貫性のない事例

**理念**　心理的安全性が高いチームにしたい
**行動**　**失敗についてオープンに振り返らない　▲理念と違う行動**
**態度**　お互いの学びと成長を尊重する
**思考**　**失敗の振り返りでは、みんなの思考が停止する　▲理念と違う思考**
**感情**　学び合うことに喜びを感じる

一貫性のない事例のように、「チームの理念を掲げながらも、実際にやっていることは違う」ということは、よくあることです。理念、行動、態度、思考、感情の一貫性を点検するために、リフレクションと対話を活用して理想のチームを実現してください。

### 一貫性を点検するリフレクション

**意見** 我々は、理念を体現していると言えるのか？
**経験** どのような経験からそう思うのか？
**感情** どのような感情がその経験に紐づいているか？
**価値観** その意見の背景には、どのような価値観があるのか？

リフレクションを行うと、自分がバリューを体現しているかを自己点検することもできますし、バリューを体現する上で障害となる「ものの見方」をメタ認知することもできます。たとえば、心理的安全性が高いチームを創りたいのに、失敗の振り返りがオープンにできないときにリフレクションを行ってみると、何が心理的安全性の阻害要因なのかを見出すことができます。阻害要因を見出すことができれば、対策を打つことも可能になるはずです。

**意見**　失敗の振り返りをオープンに行うことには前向きになれない。

**経験**　以前のチームで、オープンな振り返りを行っていたら、途中から、誰の責任かという議論にすり替わり、責任者が責められる場になった。

**感情**　かわいそう

**価値観**　気持ちよく一緒に仕事をしたい

この事例では、失敗の振り返りを行うと、誰かが責められることになるのではないかと心配していることがわかります。失敗を振り返っても、誰も責められることがない環境であることがわかれば、安心して失敗を振り返ることができます。

バリューに基づく一貫性（アラインメント）の実現は、組織変革においても重要な役割を果たします。「ティール組織を目指して管理型組織から自律型組織へ移行しようとしたが、失敗した」という話をよく耳にしますが、その理由のひとつは、一貫性の欠如です。
ティール組織を実現するためには、それにふさわしい文化を形成する必要があります。組織が一人ひとりの信念、行動、態度、思考、感情にどのような変化を期待するのかを明確にし、誰もがリフレクションを通して5つの一貫性を確立していかなければなりません。この一貫性を体現すれば、結果としてティール組織をつくることができます。

**ポイント**

- ○パーパス・ビジョン・バリューの定義にも、認知の4点セットの対話を活用する。
- ○パーパス・ビジョン・バリューが、一人ひとりの心の中に存在する組織になるように、リフレクションを活用する。
- ○理念（バリュー）・行動・態度・思考・感情の5つの一貫性が、組織文化をつくる。そのために、一人ひとりが、リフレクションを通して、自己点検を行うことが大切である。

# ビジョンを浸透させる

リーダーシップとは、自分の言葉や行動、存在を通して、自分以外の人も主体的に動くようにしてしまう影響力です。リーダーはビジョンを語り、他者の心に火をつけます。

そこで、ここからは自分ごと化の連鎖を起こすビジョン語りの実践方法を紹介します。「何を実現したいのか」だけではなく、なぜそう考えるのかを、「原体験」と「そのときに味わった感情」を添えて語ることで、聴いている人の心の中に、「自分はどうなのか。自分はなぜ実現したいのか。それは、自分にとってどんな意味を持つのか」という自己内省の問いが生まれます。

リーダー一人の頑張りではなく、チームメンバーがお互いの心に火をつけ合うチームを実現することで、チームの力を最大化することができます。時にはリーダーも、誰かのビジョンに励まされて、エネルギーがチャージされるでしょう。リーダー一人がビジョンを語るだけでなく、誰もがビジョンを語ることを当たり前に考える組織づくりを目指してみてください。

## ストーリーを言語化する

他者からの共感を得るためには、具体的イメージを伝える「ストーリーテリング」が有効です。認知の4点セットを活用したリフレクションは、そのままストーリーテリングに活用することができます。

それでは、実際にビジョンを語るためのリフレクションを行いましょう。

### ストーリーテリングのためのリフレクション

**意見** みんなと一緒に実現したいことは何ですか？

**経験**　それを実現したいと思う背景にある原体験は何ですか？
**感情**　原体験で味わった感情は、どのようなものでしたか？
**価値観**　動機の源はなんでしょうか？　何を大事にしているのでしょうか？
**メンバーへの期待**　メンバーへ期待していることは何ですか？

ストーリーテリングのためのリフレクションには、感動や共感を呼ぶビジョンに必要な要素がすべて入っています。
このフレームワークに、世界50ヵ国を対象とした調査で「働きがいのある会社」ベストカンパニーに7年連続で選出されている、株式会社ＬＩＦＵＬＬの井上高志社長の創業期のメッセージを当てはめてみましょう。

## ＬＩＦＵＬＬ　井上氏のストーリー

**意見**　**みんなと一緒に実現したいことは何ですか？**
不動産業界の情報の非対称性を解消し、誰もが理想の暮らしに出会える社会を創りたい。

**経験**

**それを実現したいと思う背景にある原体験は何ですか？**

不動産会社で営業をしていた頃、ある若いご夫婦との出会いがあった。そのご夫婦が大変気に入った物件があったが、とある事情があり、マンション購入直前で断念することになった。気に入った物件を手に入れることができず、とても悲しんでいるご夫婦の様子を見て、「どうしても、このご夫婦のために、その物件と同じくらい満足のいく物件を見つけてあげたい」と思った。

残念ながら自社の物件には該当するものがなく、他社の物件も探した。上司からは他社の物件を紹介することを否定されたが、どうしてもそのご夫婦の期待に応えたかったので、上司の反対を押し切り他社物件も含めて提案した。

そして、お客様はとても満足のいく他社の物件を見つけられた。上司からは叱られたが、お客様から「本当にありがとう」という言葉を聴けて本当に嬉しかった。

**感情**

**原体験で味わった感情は、どのようなものでしたか？**

同時に、この経験を通して、一生で最も高額の買い物になるかもしれない不動産の流通では、お客様と業界の情報格差が大きいことも、大きな問題だと思った。

**価値観**　**動機の源は何でしょうか？　何を大事にしているのでしょうか？**

利他主義

「みんなを幸せにしたい」その想いは全方位。

目の前にいる人をＨＡＰＰＹにすることで、自分もＨＡＰＰＹになれる。

**メンバーへの期待**　**メンバーへ期待していることは何ですか？**

この業界の不安や不便は明確になっている。一緒にユーザーをＨＡＰＰＹにするようなサービスづくりをしていって欲しい。

次に、身近な例として、新任のマネジャーの事例を見てみましょう。

## 新人マネジャーのストーリー

**意　見**　**みんなと一緒に実現したいことは何ですか？**

企業の人事部門を支援するＨＲシステムを多くの企業に提供し、働く人々のキャリア開発とエンゲージメント向上に貢献したい。

**経験** **それを実現したいと思う背景にある原体験は何ですか？**

**感情** **原体験で味わった感情は、どのようなものでしたか？**

以前働いていた会社は人材育成の意識が低く、同じ部署で3年間同じ仕事をやっていても成長実感が持てず、異動の希望を出しても受け入れてもらえなかったので、5年目に思い切って転職をすることにした。会社のことは好きだったので、もし個人のキャリア開発を支援する仕組みがあれば、今もあの会社に居続けたと思う。世の中には、自分のような人材が多く居るのではないか。

**価値観** **動機の源は何でしょうか？　何を大事にしているのでしょうか？**

成長実感、キャリア開発の自己決定、エンゲージメント

**メンバーへの期待** **メンバーへ期待していることは何ですか？**

HRシステムを活用し、キャリア開発とエンゲージメントの向上に本気で取り組む会社を増やし、誰もが成長実感を持ち、安心して働ける社会を実現するために、一緒に取り組んで欲しい。

ストーリーテリングやビジョン語りは、他者の心に火をつけると共に、一人ひとりが

パーパスやビジョンを自分ごと化する組織づくりを可能にします。

## ストーリーテリングでビジョンを語る

次の問いに従って、自分の考えを再整理することで、ビジョンを語る準備が整います。認知の4点セットでストーリーの内容を考えたら、次は、ビジョンを語る準備をしましょう。

**ビジョンを語るための4つの質問**

■何を実現したいですか?
■あなたにとって、それはなぜ大切なのですか?
■それに関連する過去の経験は何ですか? そのときに味わった感情も合わせて語ってください。
■メンバーへの期待は何ですか?

図4-1 共感を生むビジョン語り

## 自分のビジョンとして伝わる伝え方

| | |
|---|---|
| **何を実現したいですか?** | 企業の人事部門を支援するHRシステムを多くの企業に提供し、働く人々のキャリア開発とエンゲージメント向上に貢献したいと考えています。 |
| **あなたにとって、それはなぜ大切なのですか?** | 誰もが成長実感を持ち働くことが幸せにつながると考えているからです。また、転職が当たり前の時代には、若いうちからキャリアを自己決定できることも大切だと感じています。この二つのことが実現すれば、エンゲージメントも高くなり、楽しく仕事ができると思います。 |
| **それに関連する過去の経験は何ですか?そのときに味わった感情も合わせて語ってください。** | 以前働いていた会社は、人材育成の意識が低く、キャリア面談はあるものの、形式的なものでした。同じ部署で3年間同じ仕事をやっていて、成長実感が持てず、将来も不安になり、異動の希望を出したのですが、受け入れてもらえず、5年目に思い切って、この会社に転職しました。第一志望で入った会社で、会社のことはとても好きだったので、もし、個人のキャリア開発を支援する仕組みがあれば、今も、あの会社に居続けたと思います。キャリア開発とエンゲージメントの向上に取り組む企業が増えれば、転職しなくても、同じ会社の中で、成長実感とやりがいを持って、安心してキャリアを開発できるのではないかと思います。 |
| **メンバーへの期待は何ですか?**（メンバーの動機の源と「何を実現したいですか」を結び付ける） | HRシステムを活用し、キャリア開発とエンゲージメントの向上に本気で取り組む会社を増やし、誰もが成長実感を持ち、安心して働ける社会を実現するために、一緒に取り組んで欲しいと思います。 |

POINT 語る本人が「実現したい理由」を動機の源につなげ、感情を含めた「パーソナルストーリー」として伝えなければ、単なる「会社の方針」としてしか伝わりません

# 反対意見には、チームを強くするヒントがある

どれだけ素敵なビジョンがあっても、すべての人があなたのビジョンに賛同するとは限りません。そこで大切なのが、ビジョンに疑問を持つ人との対話です。

ビジョンを共有する上で一番やってはいけないことは、相手の意見の背景を聴く前に説得に入ることです。説得の結果は、相手の心がビジョンから離れるか、忖度するかのどちらかです。「ねばならない」と受け入れることは、ビジョンの自分ごと化とは言えません。

まずは、相手がなぜ反対しているのか、その背景にある経験と感情、価値観を理解することが大切です。

思い出してください。その人はあなたのビジョンに反対しているのではなく、自分が大切にしている価値観を守っているだけなのです。その人が、どのような価値観を「否定されている」と捉えたのかを知ることが、ビジョンに共感してもらうための第一歩です。

## ビジョンに対する反対意見

「多様な働き方で、自分らしくみんなが活躍する組織を創りたい」というビジョンを掲げたところ、あるマネジャーから反対意見が出てきました。この意見を認知の4点セットで尋ねてみると、次のような答えが返ってきました。

**意見** 多様な働き方を管理するには限界があり、マネジャーとしての責任を果たせないのではないかと思う。

**経験** 画一的な働き方を前提にしていたときも、人の能力や生産性、モチベーションは様々で、チームとして責任を果たすために、多くの労力を費やしてきた。

**感情** 大変

**価値観** 責任感、品質管理

反対している背景には、マネジャーとしての強い責任感があることがわかります。こういう人の存在があるから、組織は機能しているともいえます。マネジャーの懸念は実際に起こりそうなことですから、組織としても対策を打たなければなりません。**反対意見は、重要な検討事項を指摘している**と捉えることができます。

反対意見を聴いたあとには、「多様な働き方で、みんなが自分らしく活躍する組織を創りたい」というビジョンに続けて、次のようなメッセージを伝えることができます。

## 反対意見をふまえたメッセージ

**意見**　多様な働き方で、自分らしくみんなが活躍する組織を創りたい。多様な働き方を実現するには、一人ひとりが自分の仕事を管理する力を持っていることが前提。そのための育成やガイドラインを検討する必要がある。自己管理力がある集団であれば、多様な働き方を導入することで一人ひとりの生産性が高まるはずだ。また、多様な立場の人たちがライフスタイルに合わせて時間を使い分けることができれば、ワークもライフも充実し、幸福度も高まるだろう。共働き世代が、ワークの生産性を下げず、ライフも犠牲にしない多様な働き方を

## 経験

実現するために、自律型人材の育成にも力を入れていきたい。

働くお母さんとお父さんは、保育園の送り迎えや夕食の支度など、仕事以外にもたくさんの用事がある。30代の共働き夫婦の多くは、実は、子どもが起きる前や寝たあとのほうが、集中して仕事ができるという。「9時に出社して5時に退社する」という画一的なスタイルよりも、フレキシブルにライフとワークを行き来できるほうがありがたい。

## 価値観

共働き、ワークとライフの充実、自律

誰もがビジョンを自分ごと化できる組織を実現するためには、リーダーが一方的にビジョンを伝えるだけではなく、**対話を通してベクトルを合わせていく**必要があります。

ビジョンがひとつでも、その解釈は人により異なります。時には、その人が大切にしている価値観が脅かされると感じ、ビジョンに反対する意見を持つ人もいます。

反対意見の背景を聴くことで、説明の仕方を工夫することもできます。先ほどの事例のように、反対意見から学び、ビジョンを推進する上で、留意する点に気づかされることもあるでしょう。

反対意見に遭遇したら、相手はあなたの意見に反対しているのではなく、「自分が大切にしている価値観を、守ろうとしているだけ」であることを思い出してください。

評価判断を保留にして、平常心で、反対意見に耳を傾ける対話力は、リーダーシップに大きな力を与えます。

## 課題の直視とビジョン形成

組織やチームにビジョンを存在させるためには、ありたい姿をより具体的にイメージできるように語ることが大切だということは、誰もが認識しているでしょう。しかし、それ以上に重要なのは、課題を直視する力です。

ジム・コリンズは、著書『ビジョナリー・カンパニー2 飛躍の法則』(日経BP刊)のなかで次のように語ります。

■偉大な実績に飛躍した企業はすべて、偉大さへの道を発見する過程の第一歩として、自分がおかれている現実の中で最も厳しい事実を直視している。

■自社がおかれている状況の事実を把握しようと、真摯に懸命に取り組めば、正しい決定が自明になることが少なくない。厳しい現実を直視する姿勢を貫いていなければ、正しい決定をくだすのは不可能である。

課題を直視することは簡単なことではありませんが、チームで課題について直視し対話することで、課題の全体像が明らかになり、解決への道が拓けます。ここでは身近な例をとって、見てみましょう。

## 課題を直視するリフレクション

### ■我々が直面している課題

リモートワークを始めたのに、期待する生産性が上がらない。

■私の意見

意見　リモートワークで生産性が上がらないのは、仕事の与え方に問題があるからだ。

経験　以前の職場で、新規事業の立ち上げに取り組んだ際には、何から始めてよいかわからず困ったことがある。その後、ミッションが明確になり、生産性を上げることができた。

感情　（ミッションが解らず）不安　（ミッションが明確になり）安心

価値観　ミッションの明確化

■Aさんの意見

意見　リモートワークで生産性が上がらないのは、パーパスや事業戦略など、仕事の前提となる考え方が共有されていないからだと思う。

経験　判断を迫られる仕事では、原点に立ち返ることが必要で、いつも、自分は、パーパスや事業戦略に立ち返り判断している。

感情　（決める前）ドキドキ　（判断して）安心

価値観　最適解、判断軸

■ **Bさんの意見**

**意見** リモートワークで生産性が上がらないのは、社員に主体性がないからだ。

**経験** 主体性のある人材は、リモートワークになっても、生産性を下げていない。自ら仕事を定義し、仕事に取り組むことができている。

**感情** （生産性を下げない人材を見て）うれしい

**価値観** 主体性、自律

AさんやBさんの意見を聴くことで、課題は「ミッションが明確でないこと」だけでなく、「パーパスや事業戦略が共有されていないこと」や「社員が自律していないこと」もあると気づきます。さらに多くの意見を聴くことで、課題を多面的に捉えることができ、課題の本質に迫ることが可能になります。

先ほどの例は身近な課題ですが、このリフレクションは社会課題のように大きな課題にも活用できます。今日の課題は、複雑で多面的な側面を持つことが多いため、課題の全体像を正しく把握する上でも、リフレクションと対話に時間をかける必要があります。

また、課題を直視するリフレクションと対話を通して「現状とありたい姿のギャップ」が明確になると、そこに「クリエイティブテンション」が生まれます。このとき、私たちは選択を迫られます。このクリエイティブテンションを活かしてありたい姿を目指し行動するのか、それとも、ありたい姿をあきらめて現状を受け入れる道を選ぶのか。この選択を経て形成されたビジョンは、未来を創造する原動力になります。

## 些細なリクエストも、ビジョン語りを活用できる

最後に、ビジョン語りのフレームワークを身近に活用する実践法を紹介します。

ストーリーテリングやビジョン語りは、相手の主体性を尊重しながら自分が期待することや願いを相手に伝えるために、とても有効なコミュニケーション方法です。

相手に期待することを「自分の経験談とそのときに味わった感情」を添えて話すことで相手の共感を得られ、短いコミュニケーションの中で、自分の伝えたいことを効果的に伝えることができます。また、指示命令とは異なり、相手の主体性を奪わないことも、その魅力です。

## 部下には報告はタイムリーに行って欲しい

**意　見**　報告はタイムリーに行って欲しい。

**経験感情**　忙しい上司のもとで仕事をしていたとき、自分もなるべく上司の時間を取らないことを優先して、仕事がうまくいっているときには報告を省略していた。でも、上司になってみると、報告がないと進捗が気になるものだと気づいた。

**メンバーへの期待**

トラブルがないときにも、簡単に進捗を報告してくれると安心できる。

このように日頃から、ビジョン語りの習慣を身につけることで、たくさんの願いを叶えてください。

ポイント

○認知の4点セットのリフレクションで、ビジョンを語る。

○反対意見は、ベクトルを一致させるための大切な意見。認知の4点セットで傾聴し、その意見をビジョンに活かす。

○課題を直視するリフレクションを、ビジョンを形成する原動力にする。

# 多様性を価値に変える

チームで大きな課題に挑戦するときやイノベーションを起こしたいときには、できるだけ多様な個性や専門性をもった人を集めて強みを活かし合うほうが、より大きな成果につながると言われています。たとえば、自分の業務の悩みを他部署の同僚や社外の知人に話して、想像もしていなかったアイディアをもらったことはありませんか。異なる経験や価値観を持つ人と対話をすることで、新しい発想で課題解決ができます。

違いが大きいと、「言葉が通じない」「理解できない」と違和感や不快感を抱いてしまうかもしれません。しかし、違いが大きいほど新たな発想に出会う確率が上がり、解決策を見出すことが可能になります。多様性を価値に変えるためには、異質なものを排除せず、多様性を包摂する力を磨くことが必要です。ここまで取り上げてきたリフレクションと対話を使いこなして、異質な世界に飛び込み、自分の成長につなげていきましょう。

ダイバーシティが推進されている一方、文化的な背景もあり「違うよりも、同じほうがいい」というものの見方は根強いもので、多様性を心から賞賛できないような感覚を持っている方もいるかもしれません。

しかし、私たちは、今この瞬間に考えていること(意見)も、感じていること(感情)も、大切にしていること(価値観)も、これまでに経験してきたこと(経験)も、すべて違います。国籍や性差などと多様性を一括りにせず、一人ひとりの違いに目を向けてみましょう。

認知の4点セットを活用した対話をすると、私たちは一人ひとり違うということを、心から信じられるようになります。

たとえば、誰かと同じ講演を聴いたあとに対話を交わしてみると、印象に残ることが一人ひとり異なることに驚かされます。次の例のように、認知の4点セットでその背景を聴くと、それぞれが自分の経験と価値観を、講演内容に結び付けていることがわかります。

## ベンチャー企業の社長の講演を聴いた感想

### ■起業を目指す大学生

**意見** 「起業を目指すなら、大学生にはベンチャースピリットの高い企業でのインターンを勧める」という話が一番印象に残った。

**経験** 将来起業したいという夢を持っているが、そのためには学生のうちに何をすればよいかを模索中だったので、この答えをもらえた。

**感情** (講演前)もやもや (講演を聴いて)すっきり

**価値観** 今できることをやる、夢を実現する

### ■社会人10年目　新規事業開発に従事

**意見** 「今の成功の裏には、数々の失敗がある。最初のビジネスアイディアと、今の我が社の事業は、まったく別ものと言ってもよい。ピボット(経営の戦略修正、方向転換)は、ビジネスを成功させるための常識」という言葉が一番印象に残った。

**経験** 新規事業開発を始めてみると、これまでの会社の意思決定プロセスが事業を進め

る上で阻害要因になっていると感じていたので、「やっぱりそうか」と、自分の考えが間違っていないことを確認できた。

**感情** （講演前）もやもや　（講演を聴いて）すっきり

**価値観** 新規事業の成功、課題を解決する

自分とは異なる「異質な世界」に飛び込むと、次の2つの学びを得られます。

1つ目は、**自分の「当たり前」を知ること**です。

私たちは、たくさんの「当たり前」を持っています。同質化した環境の中にいると、誰もが共通の「当たり前」を前提とし、疑問に思う人もいないので、自分たちの「当たり前」に気づくことはとても難しいものです。ところが、異質な世界に飛び込むと、自分の「当たり前」が通用しない場面に遭遇したり、誰かに「なぜ、そう考えるのですか?」と疑問を投げかけられたりすることで、自分を新たな視点から見ることができます。

2つ目は、**新たな「ものの見方」を自分のものにすること**です。

自分の「当たり前」が通用しない異質な世界に飛び込み、相手の世界に共感することができれば、新しい「ものの見方」を手に入れることができます。異質な世界で「自分の常識が通用しない」と嘆くのは、もったいないことです。好奇心を持って異質な世界に飛び込むことで、多面的・多角的に考える力が磨かれます。

多様性を活かして化学反応を起こすためには、多様なものの見方を受け入れるだけでなく、新たな価値を創り出すことが期待されます。そのためにも、異質な世界に飛び込み、学ぶ習慣を持ちましょう。

## 多様性の心得

異質なものを排除せず、多様性を包摂するためには、次の4つの心得があります。

### ■心得1　自分も多様性の一部である

多様性を尊重するとき、「私は、私と違うあなたを尊重します」と考える人がいますが、これは自分を多様性の外に置いて、自分自身を違いの「基準」にしています。多様性を包摂するときには、「自分も多様性の一部、相手も多様性の一部」と捉える必要があります。

## 心得2　事実と解釈を混同しない

自分とは異なる世界や人々を理解するときには、事実と解釈を分ける習慣が役立ちます。なぜなら、何度もお伝えしているとおり、私たちは事実を解釈する際に、自分の経験を当てはめるからです。認知の4点セットで聴き取り、自分の解釈を加えないようにしましょう。

## 心得3　フラットでオープンである

階層やポジションは単なる「役割の違い」であって、そこに優劣を持ち込むのは御法度です。

多様な人たちが一緒に存在する最大の価値は、相互学習にあるからです。優が劣から学べない、劣が優を越えられない環境では、価値を生むことが難しくなります。

■ **心得4　対話する**

多様性を前提にチームを運営する際には、リフレクションと対話が大きな役割を果たします。

意見の違いではなく、価値観の違いに意識を向けることで、多様な意見から、一人では見つけることができなかった答えを見出すことが可能になります。

多様な人々が集まる組織は、この4つの心得を組織文化にすることで、その強みを活かすことができます。組織文化にするためには、141ページで紹介した「5つの一貫性」を体現するために、リフレクションを活かしてください。

多様性と向き合う際に一番大きなストレスを感じるのは、異質な世界との境界線に立っているときではないかと思います。異質な世界が横にあることに気づきながらも、その世界に飛び込むことを躊躇しているとき、異質の世界の存在は大きなストレスになります。

しかし、一旦異質な世界に飛び込んでしまえば、学びの連続なので、ストレスを感じている暇もありません。驚きや違和感からストレスを感じそうになったら、すぐにリフレクションをしましょう。「これは、自己を知る機会なのだ」と自分に言い聞かせ、自己認識を深める機会を楽しんでください。

そして、少し余裕が出てきたら、「相手の世界には、私の知らない何が存在しているだろうか」と、異質な世界からの学びに意識を向けて、積極的に対話を行いましょう。**「異質な世界に飛び込むとよいことがある」**というポジティブな経験を自分のものにすれば、異質な世界に飛び込む前の恐怖心はだんだんと小さくなります。

### ポイント

- 認知の4点セットで、他者との違いを明らかにし、その違いを学びに変える。
- 異質な世界に飛び込み、自分の「当たり前」に気づき、新しいものの見方を手に入れる経験を楽しむ。
- 多様性に優劣の概念を持ち込まず、学び合うことができるフラットでオープンな環境をつくる。

# 未来を創る力・課題解決力を磨く

今とは違う未来を創るチームは、チームでリフレクションを行いますが、そのためには一人ひとりのリフレクションが欠かせません。

未来を創る人には、6つのリフレクションが必要です。チーム全員が、6つのリフレクションを行うことで、ありたい姿を実現することができます。改めて、それぞれのリフレクションで何が得られるか、整理してみましょう。

## 未来を創るリフレクション

### 1 自分を知るリフレクション（41ページ）

課題発見のセンサーとなる動機の源（自分が大切にしている価値観）が何かを知る。自分の願う未来の（ありたい）姿の背景にある動機の源が何かを知る。

## 2　課題を直視するリフレクション（328ページ）

現実を直視し、課題が何かを見極める。何を知覚し、何を判断しているのか、自分の認知の前提にある経験や価値観は何かを自己内省し、真の課題を捉える。複雑な問題を捉える際には、現象として起きている事柄だけでなく、その背景にある構造やシステムを捉える。そのために、他者との対話を通して、自分の枠の外にある世界に学ぶ。

## 3　ビジョンを形成するリフレクション（54ページ）

現状とありたい姿のギャップと、自分の動機の源を三角形で結ぶと、クリエイティブテンションが生まれ、創造性や潜在的能力が高まる。

## 4　現状とありたい姿のギャップを更新するリフレクション

新しい事実に出会ったら、2と3のリフレクションにその事実を当てはめて、現状とありたい姿のギャップを更新する。

現状把握においては、現実の良い部分だけを見ようとする心が、課題を見え難くし、強いこだわりが課題を現実よりも大きく見てしまう、偏見のリスクを回避する。

## ■5 経験から学ぶリフレクション（73ページ）

見通しを立てて仮説に基づき、行動し、行動した結果を基にリフレクションを行う。

経験から学ぶリフレクションでは、結果のみではなく、原因となった行動と、自らの内面のリフレクションを行い、見通しや仮説を更新する。

経験を通して法則を見出し、学びを蓄積する。

一人ではなく、チームでリフレクションすることで、学びの質を高める。

（ステージが変わるときには、移行の準備のために、アンラーンや自己変容のためのリフレクションを行う（106ページ））

## ■6 リフレクションしている自分をメタ認知するリフレクション

1〜5の行為自体をリフレクションし、自らのリフレクションに抜け漏れや偏見がないかを点検する。

・1の点検：今、何に強いこだわり（ものの見方）を持っているか。（どのようなものの見方が自分を支配しているか。フィックストマインドセットになっていないか）
・2の点検：現実の中でも、最も厳しい課題を直視できているか。
・3の点検：ビジョンに、変化はないか。（ゆがみが生じたり、小さくなっていないか）
・4の点検：現状とありたい姿のギャップを俯瞰しているか。（経験を通して明らかになった事実を氷山モデルに加え、課題の捉え方を進化させているか）
・5の点検：行動前の仮説は明確か。経験から学び、仮説をアップデートしているか。必要な軌道修正が行えているか。

ありたい姿を実現するために、チームで6つのリフレクションを実践してください。物事がうまくいかない理由も見つけやすくなります。

ここからは、チームで取り組む課題解決や創造的な活動に、リフレクションをどのように活かせばよいのかを紹介します。

## 人間中心のデザイン思考にリフレクションを活かす

世界的な一般消費財メーカーであるユニリーバが、インドの農村で石鹸を普及販売するために取り組んだプロジェクト・シャクティを例に、人間中心のデザイン思考と、リフレクションを活かす方法について紹介したいと思います。

手を洗う習慣がなく、衛生に対する知識がない人々に、石鹸を売るのは簡単なことではありません。そこで、プロジェクトは、衛生と健康を促進したい行政関係者や、地域の人々によるチームを編成し、フィールドスタディを行います。これは、デザイン思考では、「共感」と呼ぶ最初のステップです。

フィールドスタディでは、地域の人々の立場に立ち現実を理解するために、**事実と解釈を分けて捉える力**が必要になります。手を石鹸で洗うことが当たり前というものの見方で、人々の暮らしを見学しても、農村地域に暮らす人々の真のニーズを理解することはできません。

■**事実と解釈を分けない場合（自分の経験に当てはめて事実を解釈する）**

石鹸で手を洗う習慣がないため、不衛生が原因で、子どもが死んでいる

■**事実と解釈を分ける場合（自分の経験を当てはめず事実を捉える）**

手を洗う習慣がない、石鹸の存在を知らない、不衛生が子どもの死亡原因であることを知らない、お母さんは、子どもが死んだことを悲しんでいる、暮らしは豊かではない……

プロジェクト・シャクティが見出した解決策は、たくさんの事実（現状）を変えるための施策を組み合わせたものになっています。

社会問題の解決をビジネスチャンスと捉えるのであれば、提供者側のものの見方を押し付けるのではなく、誰の、どのようなニーズが満たされていないことが課題なのか、それはなぜかを、**解釈を加えず、評価判断を保留にして、事実として理解する**ことから始めてください。事実を捉えるリフレクションを通して真のニーズを理解することで、社会を変える創造的なアイディアを生み出すことが可能になります。

## 「システミック・チェンジ」にもリフレクションを活かす

世界最大の社会起業家ネットワークを持つアショカは、「食べるものに困っている人に魚釣りを教えるのではなく、漁業システムを変える」という例で、「システミック・チェンジ」を説明しています。

システムを変えるためには、氷山の全容を捉える必要があります。システムは要素と要素のつながりでできているので、**その要素を理解し、必要な要素同士をつなげるために、リフレクションと対話の繰り返しが必要になります。**

目に見える課題を支える氷山は、大きく次の3つに分類されます。

■ システムや構造：今起きていることを支えている制度や仕組み、法律など
（現状を創り出している要素の因果関係をループ図で表すこともあります）

■ 時系列パターングラフ：時系列に沿って変化する要素やそのパターン

■ 人々のものの見方：社会通念やものの見方、価値観、理念、文化など

私が立ち上げから参画しているNPO法人ラーニングフォーオール（LFA）も、「子どもたちの生きる世界」をシステムと捉え、システム思考を駆使して子どもの貧困問題を本質的に解決することに挑戦しています。

## システムに加わり、要素と要素をつなぐ

**仮説** 支援が必要な子どもは大勢いるので、子どもたちはすぐに集められる。

**結果** 子どもたちにリーチする術がなく、集まらなかった

**アクション** 子どもたちの生きる世界（システム）を構築する要素を理解し、つなぐ

10年前に学習支援事業を始めたとき、一番苦労したのは子どもを集めることでした。仮説が外れているとわかったら、要素を理解しつなぐためにリフレクションを行い、我々もシステムの一部（要素）になるために、システムにすでに存在する要素である学校や保護者、自治体、地域の支援者たちとつながる努力をしました。対話を重ねることで、現在では地

域全体で子どもを支援するシステムを構築することができるようになりました。

## 時系列パターングラフで学力問題を理解する

**経験**

時系列で子どもの発達を捉えると、学力の遅れは小学4年生頃に顕著になるが、それは勉強が本格化する時期だからであり、実は発達の遅れは小学校に入る前から始まっていることがわかった。小さな頃からの学力の遅れは次第に拡大し、あきらめの心が芽生えてしまう。中学生の学習支援を行う場合でも、小学校の学びに戻る必要がある。

**ビジョン**

可能なら小学1年生から学習支援の対象に含めたい

子どもたちの学力の遅れを時系列パターングラフで捉えると、根本原因は学力の遅れが顕在化する小学4年生頃よりも前から発生していることがわかりました。この事実をもとに、根本から課題を解決するための新たなビジョンが生まれます。

## 「ステイクホルダーのものの見方（メンタルモデル）」を理解する

**仮説**
この子たちは15分座って勉強することができたら、凄いことだ。

**経験**
最初に寺子屋を実施した際に、子どもたちを紹介してくださったケースワーカーさんが、先生を担当する学生ボランティアに向かって、「この子たちは15分座って勉強することができたら、凄いことだから」と伝えた。おそらく、学生ボランティアががっかりしないように話したのだろうが、寺子屋初日に集まった子どもたちは、なんと3時間も勉強に取り組んでくれた。

**学び**
割り算ができない中学生も、勉強ができるようになりたいという思いがある。支援する人たちでさえも、彼らが勉強ができるようになる可能性を信じていない。

**ビジョン**
子どもたちの可能性を信じることは、ＬＦＡの使命である

ケースワーカーや子どもたちといったステイクホルダーの「ものの見方」を知ったこの経験は、我々のクリエイティブテンションを大きく動かしました。

システミックチェンジを起こすためには、**新しい事実と出会ったら、事実と解釈に分けて、パズルのように、氷山モデルに当てはめます。**新たに得た情報を、氷山モデルに当てはめることで、課題を多面的・多角的に捉えることができ、より本質的な課題解決のアプローチを見出すことができます。

また、氷山モデルに登場するステイクホルダーが誰かを知り、彼らの取り組みやものの見方を理解することも、氷山モデルを理解する上で、欠かせません。社会システムは、多様なステイクホルダーに支えられています。ステイクホルダーが力を尽くしているのに問題が解決されてないときには、システムの「目的」か、「要素」か「要素のつながり」か、いずれかを変える必要があります。

## 多様な専門家とコラボレーションをする

テクノロジーの専門家だけが集まっても、発想は広がりません。最近では、ビジネスの世界にも、リベラルアーツやアートの世界を融合させる動きが始まっています。**最も遠い多様性が融合する価値創造は、想像を超える大きなインパクトを与えます。**

しかし多くの場合、それは簡単なことではありません。大切にしている価値観（ものの見方）も、ふだん使っている言語も違うため、お互いを理解することが難しく、融合するところまでたどり着けないからです。

自身の専門性を活かすだけではなく、最も遠い専門性との組み合わせで新たな価値を創造するために、メタ認知やリフレクション、対話、アンラーンを活用しましょう。

私自身も、以前、シリコンバレーで日米の技術者が技術開発を行うプロジェクトに参画し、意思疎通の難しさに苦しんだ経験があります。

プロジェクトは、その始まりから難航しました。機械工学系の日本の技術者は、前例を丁寧に調べた上で開発に取り掛かろうとするのですが、情報通信系のアメリカの技術者は、自分のアイディアを形にするところから始めようとします。日本の技術者は、「アメリカの技術者は、いい加減で、無駄な動きをしている」と言い、アメリカの技術者は、日本の技術者が自らアイディアを出そうとしない様子を「創造性の欠如」と捉えます。

今思えば、アメリカの技術者は、スクラムやアジャイルで進めようと考えていて、日本の技術者はウォーターフォールを当然と考えていたことも、開発の進め方の議論がかみ合わなかった理由だったのでしょう。全員に、リフレクションと対話の習慣があれば、もっと早く成果を出せたはずです。

## コンセプト創りにもリフレクションを活かす

新しいコンセプトを生み出すことは、価値基準を定めることでもあります。よいコンセプトにはストーリーがあります。認知の4点セットでコンセプトを考えれば、ストーリーも描きやすくなります。

### ■カップをデザインするために、コンセプトから考えてみる

**意　見**　仕事中に、あったかい飲み物がそばにあるとうれしい。

**経　験**　仕事中は、度々、コーヒーを注ぐことができないので、大きなマグカップを使うことが多い。その結果、冷めたコーヒーを飲むことになる。

**感　情**　(コーヒーが傍にあって)うれしい、(コーヒーが冷めて)残念

**価値観**　コーヒーは暖かい方がおいしい

認知の4点セットで明らかになった価値基準を基に、コンセプトを考えてみましょう。

### カップのコンセプト　「あったかいコーヒーをいつもあなたの傍に」

カップのコンセプトは、とてもシンプルな例ですが、複雑な社会システムのコンセプトを考える際にも、認知の4点セットが役に立ちます。

たとえば、義務教育を変えたいと思うのであれば、なぜ変えたいのか、どんな教育を望んでいるのかを認知の4点セットで書き出してみることで、たくさんの価値基準をリストにすることができます。社会システムの場合には、カップのコンセプトのように一人で考えられるほど単純ではないので、多様なステイクホルダーとの対話が欠かせません。しかし、**どんなに大きなコンセプトも、その始まりは、人間の認知の4点セット**です。

アフリカのことわざに、「早く行きたければ一人で行け、遠くに行きたければ、みんなで行け」というものがあります。

小さい課題は、一人でも解決できますが、大きな課題を解決したければ、多様なステイクホルダーとのコラボレーションが欠かせません。しかし、リフレクションの習慣も、評価判断を保留にして多様な世界から学ぶ習慣もなければ、関係者を集めても、遠くにいくことはできません。

みんなでリフレクションと対話のスキルを実践し、みんなで遠くに行くことができると、楽しいと思いませんか？　この本がその一助になることを願っています。

**ポイント**

○ **未来を創る6つのリフレクションを実践する。**

○ **人間中心のデザインで課題解決に取り組む際にも、課題の根本原因に働きかけるシステミック・チェンジを起こすためにも、リフレクションを活かす。**

○ **多様な専門性を融合させ、新しい価値を生むためにリフレクションと対話を活かす。**

#「学習する組織」をつくる

「学習する組織」は、マサチューセッツ工科大学のピーター・センゲ氏が提唱し、世界中で活用されている進化するコミュニティのための理論です。学習する組織とは、一言でいうと「夢を叶えるために全員がリーダーシップを発揮することが歓迎される組織」です。立場や役職に関係なく誰もがアイディアを持ち込むことができ、「誰のアイディアか」ではなく、「そのアイディアが役に立つか」をオープンに議論することが許されます。

私は米国企業GEでの実践を知り、「学習する組織」の威力に圧倒されたことで、日本に、「学習する組織」を紹介する活動を始めました。GEを学習する組織に変えた当時のCEOジャック・ウェルチは、組織の壁を徹底的に排除し、管理職には学習者の姿勢を求めました。リーダーは、立場や年齢にかかわらず、誰からも学ぶ姿勢を持ちます。また、他部門や他社で生まれた良いアイディアを、すぐに自組織に取り込む力を持っています。

その後、デンマークに教育視察に訪問した際に、「デンマークは学習する国です」という説明を大使館関係者から聞き、企業レベルではなく、国レベルで、学習する組織論が活かされていることに衝撃を受けました。学習する国では、市民・行政・企業・大学が一緒に社会をつくる仕組みが整っていて、クワトロヘリックスという名称もついていました。ヨーロッパ諸国は、EUを実現するときに、どの国も「学習する国」に生まれ変わったようです。

GEの変化を率いたジャック・ウェルチは、なんでも一番が大好きな人でした。そのために、「学習する組織」になることを決意します。変化の目まぐるしい時代にジャック・ウェルチを魅了したのは、「すべてのナンバーワンを自社で生み出す」という考え方ではなく、「他社で生まれたナンバーワンを最も上手に自社に取り込む学習力のナンバーワンになることで、世界一になる」というアイディアです。

30万人を超える社員を抱えるGEは、今日でも学習する組織のロールモデルです。最近ではリーンスタートアップの提唱者エリック・リースを指導者に迎え、リーンスタートアップ（ベンチャー的な新規事業立ち上げの手法）に学び、「試すことで学び、勝利につなげる（Learn and Adapt to Win）」を、GEの行動基準に取り込んでいます。

日本では、「大企業は変われない」とか、「組織の上層部は変われない」と言いますが、GEの姿を見ると、すべてが「思い込み」であることに気づかされます。

最近では、ティール組織をモデルに、自律型組織や、フラットなチームを目指すリーダーが増えています。学習する組織は、自律型組織になるための登竜門と言ってもよいでしょう。（上司がいない）フラットな組織では、一人ひとりが、パーパスやビジョンと繋がり、自らのクリエイティブテンションを活かし、他者と協働して課題を解決することや判断することが期待されます。この行動様式を支えるのが、学習する組織の5つの規律です。

# 学習する組織の5つの規律

本書は、学習する自律型組織を目指す人のためのハウツー本として、執筆しています。ピーター・センゲは、その著書で、「学習する組織になるためには、5つの規律を磨く必要がある」と解説しています。

本書で紹介しているリフレクションと対話の実践法は、学習する組織の5つの規律の実践方法でもあります。ここからは、学習する組織で紹介している5つの規律の解説と、本書で解説している内容の共通点を紹介します。

## ① メンタルモデル

「メンタルモデル」とは、マインドセットやパラダイムを含め、それぞれの人が持つ「世の中の人やものごとに関する前提」である。自らのメンタルモデルとその影響に注意を払い、うまくいかないときには外にその原因を求めるのではなく、自らのメンタルモデルの欠陥を探求する。

本書では、メンタルモデルを、認知の4点セットとして解説しています。メタ認知力を高めることで、メンタルモデルを自覚しやすくなります。メタ認知力は、学習する組織を実現する上で欠かせない力です。自分のものの見方を絶対視するのではなく、その背景には、経験や感情、価値観が紐づいていることを客観視する必要があります。

## ② チーム学習／ダイアログ

「チーム学習」とは、チーム・組織内外の人たちとの対話を通じて、自分たちのメンタルモデルや問題の全体像を捉え、関係者らの意図あわせを行うプロセスである。中でも、集団で気づきの状態を高めて真の課題や目的を探求する一連の手法を「ダイアログ」という。

チーム学習は、対話によって実現します。本書では、境界線の外に出るメソッドとして対話を紹介しています。メンバーによる認知の4点セットを活用したリフレクションと傾聴の実践が、チーム学習を支えます。

## ③ システム思考

「システム思考」とは、ものごとを一連の要素のつながりとして捉え、そのつながりの質や相互作用に着目するものの見方である。しばしば、全体最適化や複雑な問題解決への手法としても応用され、「生きているシステム」の考え方の根幹をなす考えでもある。

本書では、課題解決力におけるリフレクションの実践として、システム思考のツールである氷山モデルを紹介しています。複雑な問題の解決が難しい最大の理由は、問題自体を理解することが困難だからです。原因と結果のつながりが見えにくかったり、原因となる要素が複雑に絡み合っていたりします。

氷山モデルは「どんな問題も事象として表れているのは氷山の一角で、その事象は目に見えない大きな氷山が支えている」ことを示します。その世界を理解するためには、自分のレンズだけではなく、多様な関係者のレンズを通した世界を理解する必要があります。このため、認知の4点セットを活用したリフレクションや対話が必要になります。

## ④ パーソナルマスタリー

「パーソナルマスタリー」とは、自分が「どのようにありたいのか」「何を創り出したいのか」について明確なビジョンを持ちながら、ビジョンと現実との間の緊張関係（クリエイティブテンション）を、創造的な力に変えて、内発的な動機を築くプロセスである。

本書で紹介しているクリエイティブテンションも、パーソナルマスタリーにおけるクリエイティブテンションと同じです。「自分を知るリフレクション（41ページ）」や、「ビジョンを形成するリフレクション（54ページ）」を実践することで、パーソナルマスタリーを手に入れることが可能になります。ティールやホラクラシー等の自律型組織では、パーパスとつながる一人ひとりのクリエイティブテンションが、組織を動かす原動力になります。

## ⑤ 共有ビジョン

「共有ビジョン」とは、構成員それぞれのビジョンを重ね合わせて、組織としてのビジョンが確立するプロセスである。ひとたび、ビジョンが共有されれば、それが組織の行動、成果、学習の指針をコンパスのように示す。

本書では、共有ビジョンが形成される前提には、一人ひとりのパーソナルマスタリーがあることを解説しています。また、共有ビジョンを形成するプロセスには、対話が不可欠です。「自分を知るリフレクション」「ビジョンを形成するリフレクション」とともに、「ビジョンを浸透させる（316ページ）」、「対話力、傾聴力を高める」（96ページ）を実践してください。

## 「学習する組織」を実現するティーチフォーアメリカ

アメリカの大学生就職ランキング1位のNPOティーチフォーアメリカは、学習する組織を実践しています。

ティーチフォーアメリカ（TFA）は、1990年にプリンストン大学を卒業したウェンディ・コップが立ち上げた団体で、アイビーリーグを卒業した優秀な学生を2年間、貧困地域の学校に先生として派遣するプログラムです。TFAを創業したウェンディは、この活動を通して、優秀な学生を採用しても、誰もが同じ成果を出す訳ではないということに気づきます。そして、飛躍的に生徒の成績を高め、生徒の人生を変える先生たちを観察し、リフレクションを繰り返します。その結果、成果を出す先生には、共通する普遍的な法則があることを発見します。その法則をまとめたのが、「ティーチング アズ リーダーシップ」(Teaching As Leadership：The Highly Effective Teacher's Guide to Closing the Achievement Gap) という教師の指針です。「ティーチング アズ リーダーシップ」では、成果を上げる先生は、6つのことを実践していると言います。

- 大きな目標を立てる
- 生徒と家族を本気にさせる
- 目的を持って計画する
- 効果的に行動する
- 効果を追求し続ける
- 弛まぬ努力をする

TFAでは、この6つのことを実践するために、ルーブリック（学習到達状況を評価するための評価基準）を作成し、学校に派遣する教師のための事前研修やフィードバックに、「ティーチングアズリーダーシップ」を活用しています。

ティーチフォージャパンの立ち上げに参画した際の私の役割は、TFAに見習い、日本法人を学習する組織にすることでした。その際に、ウェンディと対話をする機会を持ち、「すべての子どもたちが良質な教育を受ける機会を得る社会を実現する」という彼女のビジョンが本物であり、「ティーチング アズ リーダーシップ」には彼女のクリエイティブテンションが反映されていることを確信しました。TFAに参加するすべての学生も、ウェンディのビジョンに賛同しているので、一人の教員の学びがチームの学びに発展し、良いアイディアは組織のナレッジとして、次の教員養成に活かされています。この組織学習が、今日もTFAの発展を支えています。

現在は、ティーチフォージャパンから独立し、NPO法人ラーニングフォーオール（LFA）として活動していますが、TFAから学んだ学習する組織の魂は、LFAに宿り続けています。学習支援事業からスタートしたLFAのクリエイティブテンションは、「6

歳から18歳までのすべての子どもたちが必要な支援を得られる環境を、どうすれば地域で実現できるか」という問いに発展し、子どもの貧困問題に本質的な解決方法を見出すために尽力しています。子どもの貧困問題は、とても複雑で、問題の本質を見極めるために、氷山モデルとシステム思考は欠かせません。自治体や学校、親、地域など、多様な立場の人たちとの対話ができなければ、すべての子どもたちが必要な支援を得られるエコシステムを構築することも不可能です。このため、LFAはすべてのメンバーに、学習する組織のリーダーであることを求めています。

図4-2　ティーチフォーアメリカの学習サイクル

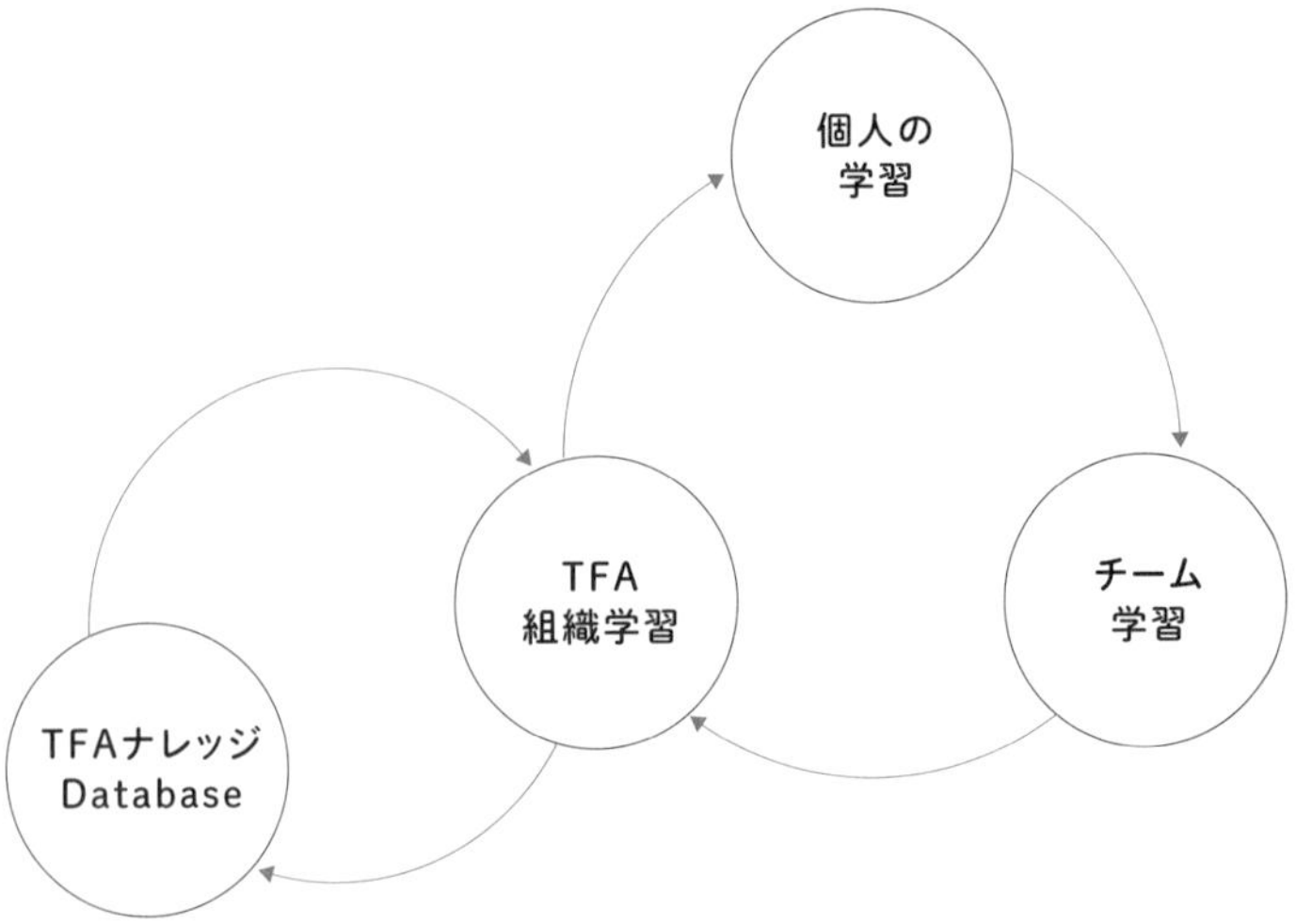

学習する組織は、夢を実現するために全員が学びつづける組織です。みなさんも、本書のメソッドや実践法を活用し、学習する組織づくりに挑戦してみてください。

ポイント

○ 学ぶ力でナンバー1の組織になるために、リフレクションと対話を活かす。

○ 管理型から自律型組織に移行するために、本書のメソッドを活かす。

○ 仕事だけでなく、多様な関係者が同じ目標を掲げて取り組むすべての活動に、本書のメソッドを活かす。

# おわりに

本書で紹介したメソッドは、先述の「学習する組織」の実践法です。学習する組織と出会ってからこの書籍を執筆するに至るまでには、長く苦しい道のりがありました。

## 学習しないという選択

学習する組織との出会いは、1997年に遡ります。リーダーシップ開発のベストプラクティスを探しているときに、GEの当時のCEOジャック・ウェルチ氏が、大企業特有の官僚的組織から、学習する組織に変革することに挑戦していることを知りました。GEは、世界から選抜した150人のリーダーをクロトンビルにあるリーダーシップ開発センターに集め、学習する組織のリーダーに育てることで、40万人規模の組織変革を成功させていました。

幸運にも、このプログラムの開発メンバーとして参画していた専門家との出会いがあり、日本に学習する組織を広める活動を始めました。バブル崩壊後の日本では、「大きな組織は変わることができない」と誰もが信じていましたが、「40万人規模の組織が変われること を知れば、多くの企業が学習する組織を目指すだろう」と、夢と希望を持って学習する組織の普及啓発を始めました。

しかし、私の仮説は大きく外れ、いくつかの大手企業で研修の導入実績をつくることはできましたが、残念ながら、その取り組みは、GEで行われている学習する組織の実践とは程遠いものでした。

GEでは、社員に新しい経験を次々と与え、チャレンジして成長することが奨励されており、研修は社員の成功を支援するツールを届ける機会としても活かされていました。私が日本で紹介していた企業変革プログラムも、GEでは変革を推進する際に、誰でも使えるツールになっていました。当時のGEが、マネジメントのベストプラクティスとして研究されながらも、他社の追随を許さないほどのリーダー輩出組織になっていた背景には、経営のトップから現場の担当者までが、変化を求め、人の成長と成功を応援する一貫した仕組みと文化がありました。先進的な知見であっても、研修を導入するだけでは、組織は変わりません。

## 忘れられない経験

日本で、学習する組織のリーダー養成支援を始めた頃、ある企業から、「事業部を超えた連携を実現し、顧客価値を創造するリーダーを養成して欲しい」という依頼を受けました。その企業の中でロールモデルとなる人材にインタビューを行うと、彼らは、「わが社のすべての価値を、お客様の問題解決のために活かしたい」と語り、自ら社内外の人脈を開拓し、事業部を超えた連携を通して顧客価値を創出していました。

こんな素晴らしい取り組みがあるのかと感動し、いざ、研修を始めてみると、様子が全く違います。グループワークの会話は、やれない（やらない）理由で盛り上がり、「それなら、評価制度を変えて欲しいよな」と、やれない（やらない）理由は自分ではなく会社にあるということで、概ね合意が取れている様子でした。「あなたは、どうしたいのですか」という問いに、「……」と無言のみなさんが、できない理由を語るときは雄弁です。こんなとき、組織の一員として自ら手本を示すことができない講師という立場は、無力です。

また、他の企業からも、変革を推進するリーダーを育てて欲しいと依頼されましたが、その対象はいつも、課長や係長などの中間管理職です。役員たちは「部長たちが変わることは期待できないから、会社の未来は若手に託したい」と言い、若手に対して「好きにやってよい」と期待を伝えてくれます。役員たちから彼らの育成を任された使命感を持ち、私も本気で、中間管理職を学習する組織のリーダーに育てようと努力しました。

ところが、私の育成が成功すると、その結果、中間管理職の苦悩の日々が始まることになります。現場に戻れば、役員が「変えることをあきらめている部長たち」がいて、元気のいいリーダーたちの障壁になります。彼らが会社やお客様のことを考えて、変革を推進しようと本気になればなるほど、彼らは苦しむことになるのです。これでは、研修は逆効果です。このような状態では、変革を推進することはできません。

ある金融機関で新規事業を考える研修を行い、選抜された若手社員は、研修の最後に役員に向けてプレゼンを行いました。ところが、最も新規性のある事業提案を行ったチームは、役員の愛のない突っ込みで酷評され、一方、既知情報をきれいにまとめたノーメッセージに近いプレゼンを行ったチームが、最も高い評価を得ました。当然、私の評価は真逆です。

この研修の経験で、「何も考えない、何も言わない、意思を持たない優秀な人材」が増産される理由がよくわかりました。しかし、この慣習を守っていると、どんなに優秀な人でも、やがて、「自分はどうしたいのか」に答えられなくなってしまいます。

## 教育と社会が共進する「学習する国」

企業研修で残念な経験を繰り返した結果、私が一旦出した結論は、「大人では遅すぎる」というものでした。そこで、子どもの教育に焦点を当て、日本に、学習する組織の実践を広める道を模索することにしました。そのようなタイミングで、建学の精神に「教育の次代を創る」を掲げた教員養成を行う、日本教育大学院大学の経営に参画するご縁をいただき、「教育の次代」の探求を始めます。

次代の教育について調べていくうちに、「未来の成人が幸せに生きるために、教育を変えていく」という大きな動きが、世界ではすでに始まっていることを知りました。アメリカでは、2002年にアップルをはじめとする新興企業が中心となり「パートナーシップ・フォー・21」という団体が設立され、従来の学力に加えて、批判的思考と問題解決（Critical

Thinking and Problem Solving)、コミュニケーション（Communication）、コラボレーション（Collaboration）、創造性と革新（Creativity and Innovation）の4Cを教える教育へのシフトを支援しています。ヨーロッパでは、2003年に、OECDが、義務教育の指針となるキーコンピテンシーを発表し、「VUCA時代に生きる子どもたちにとって、リフレクションは要となる力」と定義付けました。OECDが、2019年に発表した「OECDラーニング・コンパス（学びの羅針盤）2030」では、「リフレクションは、よりよい未来を創造するために欠かせない力」と定義されています。

OECDが提唱する教育改革は、よりよい未来を創造するための手法である学習する組織と多くの共通点があり、私はすぐにでもこの教育改革を日本でも導入して欲しいと思いましたが、企業変革の経験からも、容易でないことは知っていました。

そこで、多様なステイクホルダーと共に日本の教育の未来を考えるために、未来教育会議を立ち上げ、活動を始めました。文科省や教育委員会、校長、学校現場の先生、保護者、学生、生徒、企業の採用担当者など、様々な関係者との対話を行いながら、130を超える国内外の教育視察に訪れて現場から学びました（未来教育会議が作成した、「社会の未来シナリオ2030」、「教育の未来シナリオ2030」、「人一生の育ちレポート」は、未来教育会議のHPからからダウンロードして頂けます）。オランダやドイツ、デンマークに視察に訪れた際に、ヨーロッパには「学習する国」という概念が存在し、クワトロヘリックスと呼ばれていることを知りました。学習する国には、教育と社会が共進する姿がありました。

## 大人が変われば、教育が変わる

未来教育会議の活動を通して、「大人では遅すぎる」という私の考えが間違いであることに気づきました。世界一子どもが幸せな国オランダでは、4歳児から、リフレクションを始めています。この教育が可能なのは、大人がその大切さを理解し、実践しているからです。

「大人が変わらなければ、教育を変えることはできない」と気づいてからは、株式会社LIFULLの創業者井上高志氏に支援していただき、2015年に、21世紀学び研究所を立ち上げました。ニッポンの学ぶ力を変えることをミッションに掲げ、再び、学習する組織を日本の当たり前にすることに挑戦することにしました。その際に大きく役に立ったのが、教育の世界で学んだことでした。特に、リフレクション、メタ認知、対話の3つは、適応を要する、複雑で相互依存を前提とした問題の解決には欠かせません。

本書で紹介した5つのメソッドは、現状とありたい姿のギャップを埋める際に、必要となる学びを促進するためのものです。それは、一人ひとりの気づきと能力を高め続ける力でもあります。そのために欠かせないのが、認知の4点セットを活用したリフレクションです。

市民力の高いオランダでは、認知の4点セットを自然に身に着ける教育を4歳から始めます。子どもたちは、多様性が尊重され、共生する社会を実現するために、リフレクションやメタ認知、対話の練習を行います。子どもの頃から、民主的な社会は対立を前提にしていることを学び、意見と人を分けて捉えることができる大人に成長します。

現在、オランダのシチズンシップ教育プログラムを日本の子どもたち（幼児・小学生）に届ける活動も行っています。子どもたちは、「人それぞれ気持ちも意見も違うし、違ってもお友だちでよい」と学ぶと、すぐに実践できます。むしろ、それが自然なことなんだよと、大人が子どもから教わっているような気がします。

## 学習する組織を体現するラーニングフォーオールの仲間たち

この10年間、私が、学習する組織の可能性を信じ続けることができた背景には、ラーニングフォーオールの仲間たちの存在があります。ラーニングフォーオールは、子どもの貧困問題を本質的に解決することを目指して活動する教育NPOです。私は立ち上げからこの活動に参画し、学習する組織開発を担当してきました。

活動に参加するすべてのメンバーには、子どもの貧困問題に終止符を打ちたいという強いクリエイティブテンションがあります。「子どもの成績が上がらないことを、子どものせいにしない」という理念に支えられたリフレクションは、本物です。

社会人になる前の若者たちが、日本のトップ企業でも苦戦する「学習する組織」のエッセンスを吸収して、我がものとしていく姿を見るたびに、私は背筋が伸びる思いがします（実際に、ラーニングフォーオールの卒業生は教育や行政に留まらず、ビジネスの世界でも大活躍しています）。同時に、これまでは「実際にやってみると難しい」という言い訳を許してきた自分にも、一人の責任のある大人として、すべきことがあるのだと思わされます。

子どもたちは、社会の空気を吸って育ちます。大人のBeing（あり方）と、Doing（言動）が、社会の空気をつくり出しているので、私たち大人はみな、教育の一端を担っていると言えます。

大人も子どもも、共に学び続ける「学習する国」を実現するために、メタ認知、リフレクション、対話、アンラーンに、一緒に取り組む仲間が増えることを願って、本書の締めくくりにしたいと思います。

2021年3月　熊平美香

## 参考文献


『学習する組織――システム思考で未来を創造する』

ピーター・M・センゲ　枝廣淳子（訳）　小田理一郎（訳）　中小路佳代子（訳）

『フィールドブック 学習する組織「5つの能力」企業変革をチームで進める最強ツール』

ピーター・センゲ他　柴田昌治、スコラ・コンサルタント（監訳）　牧野元三（訳）

日本経済新聞出版　2003

『モチベーション3.0 持続する「やる気!」をいかに引き出すか』

ダニエル・ピンク　大前研一（訳）　講談社　2010

『ティール組織――マネジメントの常識を覆す次世代型組織の出現』

フレデリック・ラルー　嘉村賢州（解説）　鈴木立哉（訳）　英治出版　2018

『なぜ人と組織は変われないのか――ハーバード流 自己変革の理論と実践』

ロバート・キーガン、リサ・ラスコウ・レイヒー　池村千秋（訳）　英治出版　2013

『FIND YOUR WHY あなたとチームを強くするシンプルな方法』

サイモン・シネック、デイビッド・ミード、ピーター・ドッカー　島藤真澄（訳）

ディスカヴァー・トゥエンティワン　2019

『成人発達理論による能力の成長 ダイナミックスキル理論の実践的活用法』

加藤洋平　日本能率協会マネジメントセンター　2017

『あなたのチームは、機能してますか？』

パトリック・レンシオーニ　伊豆原弓（訳）　翔泳社　2003

『ビジョナリー・カンパニー2 飛躍の法則』

ジム・コリンズ　山岡洋一（訳）　日経BP　2001

『ファンタジア』

ブルーノ・ムナーリ　萱野有美（訳）　みすず書房　2006

# リフレクション REFLECTION

## 自分とチームの成長を加速させる内省の技術


発行日 2021年3月20日 第1刷
2021年4月25日 第3刷

Author 熊平美香
Book Designer 三森健太(JUNGLE)[カバー・本文]
小林祐司[図版]
Publication 株式会社ディスカヴァー・トゥエンティワン
〒102-0093 東京都千代田区平河町2-16-1 平河町森タワー11F
TEL 03-3237-8321(代表) 03-3237-8345(営業) FAX 03-3237-8323
https://d21.co.jp/

Publisher 谷口奈緒美
Editor 大山聡子 安永姫菜

Store Sales Company 梅本翔太 飯田智樹 古矢薫 佐藤昌幸 青木翔平 小木曽礼丈 小山怜那 川本寛子 佐竹祐哉 佐藤淳基 竹内大貴 直林実咲 野村美空 廣内悠理 高原未来子 井澤徳子 藤井かおり 藤井多穂子 町田加奈子

Online Sales Company 三輪真也 榊原僚 磯部隆 伊東佑真 川島理 高橋雛乃 滝口景太郎 宮田有利子 石橋佐知子

Product Company 大竹朝子 岡本典子 小関勝則 千葉正幸 原典宏 藤田浩芳 王廳 小田木もも 倉田華 佐々木玲奈 佐藤サラ圭 志摩麻衣 杉田彰子 辰巳佳衣 谷中卓 橋本莉奈 牧野類 三谷祐一 元木優子 山中麻吏 渡辺基志 安達正 小石亜季 伊藤香 葛目美枝子 鈴木洋子 畑野衣見

Business Solution Company 蛯原昇 安永智洋 志摩晃司 早水真吾 野﨑竜海 野中保奈美 野村美紀 林秀樹 三角真穂 南健一 村尾純司

Ebook Company 松原史与志 中島俊平 越野志絵良 斎藤悠人 庄司知世 西川なつか 小田孝文 中澤泰宏 俵敬子

Corporate Design Group 大星多聞 堀部直人 村松伸哉 岡村浩明 井筒浩 井上竜之介 奥田千晶 田中亜紀 福永友紀 山田諭志 池田望 石光まゆ子 齋藤朋子 福田章平 丸山香織 宮崎陽子 青木涼馬 岩城萌花 内堀瑞穂 大竹美和 越智佳奈子 北村明友 副島杏南 巽菜香 田中真悠 田山礼真 津野主揮 永尾祐人 中西花 西方裕人 羽地夕夏 平池輝 星明里 松川実夏 松ノ下直輝 八木眸

Proofreader 文字工房燦光
DTP 株式会社RUHIA
Printing 日経印刷株式会社





ISBN978-4-7993-2710-4 ©Mika Kumahira, 2021, Printed in Japan.

最後までお読みいただき、ありがとうございます。
本書を通して、何か発見はありましたか？
ぜひ、感想をお聞かせください。

いただいた感想は、著者と編集者が拝読します。

また、ご感想をくださった方には、お得な特典をお届けします。